末弘嚴太郎

法学入門

新装版

SUEHIRO, Izutaro

日本評論社

序

本書は特に法学入門者のために書かれたものである。私は多年法学入門者を教育した経験上、われわれの法学界には立派な法律書がたくさん存在するにもかかわらず、特に初学入門者に手引を与えるに適する著書がほとんど存在しない、その結果、初学者が想像以上に法学研究の入口で無用な骨折をしていることを平素非常に遺憾としている。本書はこの欠陥を補塡することを目的として書かれたものであって、これが多少とも入門者の手引として役立つことができれば非常に幸いである。

本書の初めの五話は、もと現代法学全集の中に「法学問答」なる表題のもとに書かれたものであるが、それに特に法学入門者のために必要と思うことがらを第六話として新たに書き添えたものが本書である。現代法学全集に書かれたものの中には、なおこのほか別に二話があったが、これはそこで取り扱われていることがらの性質上、本書からはひとまずこれを除くことにした。

私は今別にもっと組織だった形で法学通論を書こうとしているが、この法学通論は特に初学者のためにというきわめて熱心な念願で執筆されているにもかかわらず、とかく不手際な私の仕事であるから、結局出来るものはおそらく初学者の読書に適しない中途半端なものになりはしないかと、今からそれを恐れている。それで、或いは本書がその法学通論の短所を補うものとして多少とも役立つことがありうるかもしれないと考えて、今ここに本書を公けにする次第である。

昭和九年四月

著　者

目次

第一話　法律の学び方教え方

一

――法律を学びたいのだが、どうしたらいいだろう。

――サア何と答えていいか……が、いったい何だって今さら法律を学ぼうなんて気を起こしたのだ？

――別にこれという理由もないが、ともかく今の世の中に一人前の人間として生きてゆくには、ひととおり法律の知識をもっている方がいい、イヤ是非とももっている必要があるような気がしてきたのサ。

――なるほど。そりゃ至極もっともな考えだが、よほど気をつけて始めないと論語読みの論語知らず、いわば、なまじっか法律を覚えたためにかえって世の中が暮しにくくなったり、かえって法律を悪用して悪いことをするようになる……。

――そりゃそうだな、世の中の人間が皆そろって三百代言みたいな小理窟を言い合うような世界があるとしたら、ちょっと想像してみるだけでもゾッとするから。

――全くだ。今の日本など一面から言うと一般民衆は極端に法律を知らないが、他の一面から見ると或る種の人間は実に悪く法律を知りすぎている、そうして法律を悪用して悪いことをしたり他人をいじめたりする、とてもひどいヤツがたくさんいるからね。例えば水力電気の会社でトンネルを掘ろうとしている話を聞き込むと、その道筋の山に全くありもしない鉱物の試掘権を出願しておいて、イザという場合に会社にその権利を売りつけようとする、こんなテアイは田舎に行ってみるとウジャウジャいる。こんな手で飯を食っているんだから全く驚くよ。

——なるほど。してみると法律を研究するのも考えものだな。

——馬鹿をいえ。まず第一に、ごく卑近に考えても、こうしたテアイの多い世の中を無事に渡ろうと思えば、仙人のように山に引きこもるなり、初めから全く無抵抗主義でゆくつもりなら格別、さもないかぎりみすみす馬鹿な目に合わないだけの素養が必要だ……。

——というと、この頃のように世の中が物騒になると、女学生でも柔道の一手くらいは心得ておく必要があるというのと同じ論法だね。

——マアそうだ。例えば貧乏な人たちなどになると、普通中流の人にくらべるとなおさら法律を知らない。ところがそれをいいことにして三百代言みたいなヤツらが貧乏人の社会を横行しているありさまなどは全くもってヒドイ。どうしてもムザムザ人にだまされないだけの法律知識は常識としてもっている必要がある。そうして、世の中に活動して他人と交渉をもつ機会が多くなればなるほど、その必要が増してくる。

――なるほど、その点は全くそのとおりだ。しかしそんなに法律を悪用する悪人が多いとすると、こんどは、初め護身用のつもりで習った法律を悪用して悪いことをする。いわば護身用のつもりで習った柔道を悪用してむやみに人を投げてみたくなるような弊害が起こりはしないかしらん。

――そりゃ無論ありうる。しかしそうした弊害の起こる因を考えてみると、第一、世の中そのものが悪い。法律にさえ触れなければ何をしても差支えないというような気分が一般にみなぎっている以上、法律をくぐるために法律を学び悪事を働くために法律を悪用するような人間がたくさん出るのはやむをえない……。

――だから、そういう弊害の起こるのは決して法律学そのものの罪じゃないと君は言うのかい。

――イヤ必ずしもそうは言わない。法律学そのものにも罪の一半はある。

――というと……。

――つまり今の法律学は個人主義の基礎の上に立って万事を権利本位に規律している。昔封建君主によって極度に個人的自由が蹂躙された時代の反動として、個人的権利の保護確立が基調となって今日の権利本位の法律学が生まれた。法律の主たる目的は権利の保護であって義務の賦課ではない。義務は権利保護の手段としてこれを賦課するのみであって、それ自体独自の目的をもたない。これが現代法律学の根本思想だ……。

――なるほど。それだからともかく法律を学ぶと権利を主張することだけを知って義務を守ることを忘れるような人間が生まれるのだね。

――そうだ。しかし現在新しい法律学の先頭に立っている人々は、現行法の解釈についてすら今ではもう権利本位の考え方を捨てている。権利は無論これを認めるけれども今までのようにもっぱら権利者本人の個人的利益だけを考えてこれを保護しようとしない、法律上権利の認められている社会的根拠を十分考えた上それと調和しうる範囲においてのみ保護を与えようとするのが、新しい法律学の傾向だ。

――なるほど。すると権利の確立よりはむしろ権利の制限が現代法学の目標になっているわけだね。

――そうだ。しかしただむやみに制限しようというのじゃない。権利は認めるとしても、それを認めるについてはそれ相応の社会的根拠がなければならない。その社会的根拠にはずれた権利行使はたとえ権利行使の外形をもっていても実質上全然権利行使として法律上保護に値しないと言うのだ。さらに進んで言うと、世の中はむしろ義務本位・責任本位のもの、万人は社会の一員としてその責任を尽くさねばならない。そしてそれを尽くすに必要なるかぎりにおいてのみ権利が認められるという考えをもとにして法律組織の全部を建て直したいというのが新法律学の理想だ……。

――すると、ちょうど社会主義だとかファシズム、もっとあたりさわりのない広い言葉で言うと――個人主義に対する意味において――全体主義（collectivism）とでも言うべき一般社会思想の流れが法律学の上にも現われていることになるのだね。

――そうだ。だから今後法律学だけが飛び離れて突然社会本位・責任本位に変わることはあるまい。全体主義的の社会思想が社会全般に滲みわたるのにつれて法律もまた責任本位のものに変わるだろう。その時が来るまで、否その時を来たらしめるために極力努力するのがわれわれ学者なり思想家なりの責任だと僕は考えているのだ。

――なるほど。すると――くわしいことは追って改めて説明してもらうとして――ともかく今までの個人主義的な権利本位の法律学にも、世の中を悪くするについて相当責任があったと言えるね。

――そりゃ言える。しかしそれは決して法律学だけの責任ではない。むしろ個人主義的法律学の立っている個人主義思想、しかも個人主義思想の生まれ出た本来の精神を忘れた誤られたる個人主義思想が世の中全体に滲みわたったところに弊害の根本があるのだ。

――してみると、法律学を研究するにしても常にその点を反省しながら進みさえすればいいというわけだね。

——大いにそうだ。

二

——そこで、いよいよ法律学に入門するとして一体どんな方法をとったら一番いいかしらん。

——サア研究の目的如何によっていろいろありうるが、やはり民法とか刑法とかいうような個々の法律をコツコツ地道に研究してゆくのが一番確かな方法だろう。

——しかしその前に「法学通論」のようなものを勉強して、ひととおり法律とは何ぞや権利義務とは何だくらいのことは心得る必要があるだろう。

——そりゃ、あると言えば言えないこともない。しかし、しろうとがへたに法学通論の本などを読むと法律もしくは法律学を軽蔑することを覚えるくらいのもので、ロクなことはない。

——がしかし、現在高等学校あたりでは、法学入門のつもりで法学通論を正規の教科目中に加えているじゃないか。

——そりゃ加えている。しかしあれには一々初学者を正しい理解に導き入れうるだけの立派な先生がついていることが予定されているのだ。例えば、普通そこらに売っているような法学通論を教科書にしてヘボな先生が形式一遍の講義をやるとしてみたまえ、どんな学生だって法律のホの字も覚えやしない。少し血の気の多い学生はむしろ法律学を軽蔑することを覚えるくらいのものだ。現にわれわれの大学にも毎年何百という高等学校卒業生が入ってくるが、その中に心から法律学に興味をもち多大の期待をもって入ってくるヤツは幾人もいやしない。理科や文科に入学してくる連中にくらべてみると全く比較にもならない。たいていは単に出世の手段として、パンを得る方法として、しかたなしにやってくるので、入学後一年くらい夢中に勉強した上でようやくなるほど法律学も相当面白い学問だなと気のつくヤツがチラホラ出てくるくらいのものだ。

——そんなものかね。

——そうだとも。

——しかしどうしてそんなことになるのかしらん。

——解りきっているじゃないか。例えば人に建築のことを教えるにしても、煉瓦とか材木とかその他建築材料についてひととおりの知識をもち、また建築される建物の各部分、例えば客間とか台所とかいうようなものが一体どういう役目をもっているものであるかについて相当の理解をもっている者に向かってこそ、建築設計の巧拙・良否を説くことができる。全くそういう予備知識をもたない者に突然設計図を見せて様式がどうの構造がどうのと説明してみても、何らの理解も与えうるはずがない。

――そりゃそうだ。

――ところが、従来一般に行われている法学通論を見ると、事実それと全く同じことをやっている。なるほど説明は法律学の全般に及んでいる。われわれ専門家が読んでみると一々なるほどと思う。著者はそれぞれなかなか立派な学者であらるるように見える。しかし法学入門書を通して著者がいかにもえらい学者であるように見えるだけで、その記述が実際上、初学者をその道に導き入れるだけの力をもっていないならば、著者にとって少しも名誉じゃない。そんな本は、法学入門書として全く何らの価値ももたないものと言わなければならない……。

――なるほど。それじゃ一体どうすればいいと君は主張するのだ?

――サア、そのやりかたには実際上いろいろありうるだろう。しかし、いずれにせよ執筆者がこの本は要するに初学者に読ませるのだという気持をはっきり持ってくれることが何よりも必要だ。今までの法学通論は第一法律の定義から始まって民法・憲法・国際法……と法律学全般にわたっていかにも満遍なく立派な説明を与えている。しかし、法律とはこういうもの権利義務とはああしたものというような実質的の説明を適宜な実例を挙げつつ適切に与えているような本は一冊も見当らない。いたずらにただ形がととのっているだけで精神を与えていない。在来の法学通論を見ると、いたずらに著者の学識が誇らかに羅列されているにすぎない。はなはだしいのになると大学の講義全体を筋と骨だけに抜き書きして——悪く言うと著者自らにも法律とは何ぞやというような根本問題についてしっかりした考えをもっていないらしい本が少なくない。あれを読まされる初学者こそ全くいいツラの皮だ。

——すると、つまり大学の倫理学の講義の筋だけを抜き書きして修身書を作って、それを小学生徒に読ませようという流儀だね。

——そうだ。なにぶん相手がズブのしろうとなのだから、たとえ断片的にせよ、また法律学の全範囲に満遍なくゆきわたらずとも、法律とはこうしたものだという活きた知識を実質的に与ええてこそ、本当の法学入門書だ……。

——なるほど。

——それでも、ああした本を教科書にして教える先生が立派に力をもった人でありさえすれば別に問題も起こらないけれども、大学を出たばかりの法学士だとか裁判官の古手……というと悪いが、いわば法律の精髄にまで立ち入って心から考え抜いたことのない先生がたがああした本を教科書にして、あたかも小学生に地理や歴史を教えるような調子で形式的な教授を行ったのでは、そもそも事がうまく進行すべきはずがない。

――いわんや僕らのようなしろうとが独学でああした本を読んでも到底法律の精神をつかむことはできないと君は言うのだろう。

――大いにそうだ。だからやはり初めはまず民法とか刑法とか個々の法律について法律および法律生活の実質を学ばなければいけない。そうしてまず実質を得た上それを通して自ら形式を会得し、具体的知識から入って漸次に抽象的・理論的の問題に入ってゆくようにしなければだめだ、と僕は心から考えているんだ。

三

――しかし、そもそも学問を研究するについてはすべてまず研究の方法、即ち方法を確立してゆく必要がある。方法論を確立せずに学問の研究を始めるがごときは、そもそも羅針盤をもたずに大海に乗り出すようなものじゃないかしらん。

――大いにそうだ。しかし羅針盤をもって大海に乗り出す前にわれわれのまず知らねばならないのは、漕艇術であり操帆法でなければならない。まず初めに櫓を押す術を体得しなければ、大海はおろか池沼に舟を浮かべることすらできやしない。しかるに、ともすると、この頃法律学を研究しようとする者の中にはそうした誤謬を平気でやっている者が少なくない。そうして形式上立派な方法論をとなえながら自ら少しもその方法を実際上に活用しえない連中が少なくない。それこそ全くの机上の空論、ペダントリーのほか何ものもないというしまつだ……。

——しかし、この頃の哲学者の中には一生を方法論に終始しようというくらいの覚悟をもった人が少なくないように、法律学者の間にもそうした連中が多少いることは何の差支えもない、イヤむしろ大いに必要じゃあるまいか。

——それはそうかもしれない。しかしそういう連中にしても方法論を確立する前にはまず法律の各部門について方法の対象たるべき法律内容を実質的に十分会得する必要がある……。

——そりゃ無論そうだろう。

——しかるに、今までのところわが国の学者を見ていると実際上なかなかそう行っていない。例えば、おれは法理学を研究するのだということになると、大学を卒業したばかりの男がすぐに哲学上の大問題に頭を突っ込んで、もっぱら方法論がどうのこうのと半可通の抽象理論をこねくり廻すことばかりを考える。そして具体的の法律問題を丹念に考えたり個々の法律内容を研究するようなことを全くしない……。

——なるほど。すると西洋の立派な法理学者には一般にそうした弊がないかね。

——無論ない。今日一流の法理学者と言われている人でもいずれも初めは民法とか刑法とかなかなかこまかい問題について丹念な研究をやっている。そうしてそのうちにだんだんと幾多の具体的資料を基礎として自己独特の理論なり体系なりを築きあげてゆくのが彼ら一般のやりかただ。さればこそ彼らの法理学書を読んでみると、法制史なり現行法の中から実に適切ないい例がたくさん引かれている。つまり彼らはこうした具体的事実をたくさん研究しそれを基礎として独自の思索を試み、そして初めて彼ら自らの理論を築きあげている。

——そうだろうな。いったい方法論なんていうものは初めにまず研究対象にぶっつかっていろいろやってみるがなかなかうまくゆかない。苦心に苦心をかさねた上その煩悶から出発して初めて自己の方法を考えるによって成り立つべきものだ。研究者はすべてまず自己の方法論を確立してかからなければならないという主張は理論上確かに正しい。けれども、実際上は理論よりも行為が先でなければならない。ファウストの言草じゃないが、初めにまず行為がある。そうしてそこに初めて方法を必要とすべき煩悶が生まれる。そしてその煩悶こそ方法論の産みの親だ……。

——そうだとも。えらい法律学者にしておれの方法論はこうだと初めから方法論をふりかざして出発している人はおそらく一人もないだろう。のみならず、彼らは立派に自己の方法をもちまたその方法を立派に使いこなしているにもかかわらず、わざわざおれの方法はこれこれだと方法論の説明をしている学者もおそらくほとんどないだろう。ただ後人が誰々の方法はどうだったこうだったと後から解剖・分析してみるだけのことだ。ところが、わが国の法律学者の中にはこの点についてむしろ全く逆な径路をとろうとしている者が多い。その結果彼らの言っていることは形式上いかにも立派そうにみえるけれども、実は何ら自己の思索と体験とに基づかない付焼刃にすぎない場合が多い。これは法律学の研究上最も慎むべきことがらだと僕は思うのだ。

――なるほど。してみると、われわれのようにこれから法律学に入門しようというような者は、なおさらそうした形式的の方法論などを考える必要がないというわけだね。

――無論だとも。例えば、いやしくも泳ぎの名人と言われるほどの人は自らよく泳ぎうるのみならず理論についても一般に精妙至極な悟りをもっている。けれども、彼らがその境地に達したのは決して理論から出発したのではない。とにかくまず泳いでみたのだ。そうして実践に実践をかさねた上自ら体得したのが彼らの技術および理論だ。いくらたくさんの遊泳術書を読破しても泳げるようにはならない。イヤその本に書いている本当の意味を理解することすらできやしない。だから君らもまず泳がなければいけない。理論はおのずからそのうちに自分でその必要を感じてくる……。

四

――そりゃ無論そうだろう。しかし法律学と泳ぎとは違うだろう。

――無論違う。がしかし、また両者の間に大いに共通した点もある。いったい法律学という学問は医科や工科の学問と同じように実践的方面の非常に大切な学問だ。無論その実践を指導し基礎つけるための理論は大いに重要だ。また実践的の法律運用術そのものにも術そのものに関する理論が成り立ちうる。そうしてそれこそまさに法律学の中心をなすことがらに違いないけれども、何よりもまず修得し体験せねばならないのは術それ自体だ。その点泳ぎを習うのと大いに似ている……。

――そういうものかね。してみると現在大学あたりで法律学を教えるについては大いにその方面に留意しているわけだね。

――ところがお恥しいことには事実はそううまくいっていない。第一、今の大学じゃ学そのものはしきりに研究しているけれども、学を教える方法いわば教育法とでも称すべきものを少しも研究していない。十年一日のごとくドイツあたりの大学でやっているのと同じような講義法を持続している。法律学そのものの特質を十分に考えた上、どうしたら最もよく学生をして容易に正しい理解を得させせることができるかというようなことがらを苦慮し研究している先生はおそらく一人もないだろう……。

——そう言えば、一般に今の大学くらい教授法に無頓着な学校はあるまい。教授の方法にしても試験の方法にしても、全くただありきたりの方法を踏襲しているだけで、少しも特に考えられているらしいところがない。小学校あたりにくらべてみると全くお話しにならないね。

——しかし、今の法科大学のように学生の数が多くなると、あれよりほかにどうにもしかたがないという大いに情状酌量すべき点もあるのだ。しかし、教授ら自らが教授法に無関心だという欠点は大いにある。それに実際やってみると、あの講演式もしくは口授式方法で筆記をとらせるのが先生としては一番楽な方法だからね……。

——そりゃそうだろう。先生としてはあらかじめ講義案を作っておいて一方的にそれを読み聞かせさえすればいい。ヒドイのになると十年一日のごとく旧稿を読んでいても大学の教師がつとまる……。

——バカを言え。そんなヒドイことをやる先生は——昔はともかく——今じゃ少なくともわれわれの仲間には一人もいやしない。そんなことでは第一もう学生が承知しない。がしかし、口授式方法が先生にとって一番楽なことだけは確かに事実だ。ところが、あの口授式にもいろいろのやりかたがある。そのうち最も幼稚な方法は講義案をそのままゆるゆると読みあげて一字一句学生に筆記させる方法で、昔われわれが学生時代に受けた教授は皆あの方法だった。この方法によると、学生は何のことはない写字生もしくはタイピストみたいなもので、書いている間は無我夢中、書いていることがらの意味をすら理解できないようなしまつだ。

――しかし先生の身になってみると、多数の学生が平蜘蛛のようになって自分の一言一句を一生懸命に書いているのを見るといささか優越感を感じやしないかね。

――バカ、いまどきそんなバカなことを考える教師がいるものか。おれなどは学生があまり一生懸命に筆記しているのを見ると気の毒になる。何とかしても少し筆記してもらわないようにと毎々注意しているようなわけあいだ。

――しかしとにかく学生をタイピスト扱いにする教授法は野蛮に違いない。そのくらいなら講義などをやめて初めからプリントを配布して読ませればいいわけだ。いったい何だってあんな不完全な教授法が行われるようになったものかしらん。

――その理由はいろいろあるが、第一、昔は法律に関する著書が少なかった。大学の講義筆記が最も詳しくかつ完全な法律書だった。だから、学生の身になるとなるべく詳しくかつ完全に先生の言うことを書き取っておいて、場合によっては卒業後の参考書にまでしようというような心がけをもっていた。したがって先生としても、なるべく文章を整えた講義案を作ってそのまま学生に書き取らせるように努めた。現に僕らが憲法を習った穂積八束先生のごときは、音吐朗々、書き取ればただちに玉のごとき文になるような講義案をゆるゆると読みきかされた。そうして一年間何らの説明を別に加えるようなこともされなかった。それでいてわれわれ学生は大いに随喜の涙をこぼして敬服したものだ。つまりその時代には大学の先生の講義を筆記したものがその専門に関する唯一最高の読み物だったから、ああした形式の講義にも大いに存在理由があったのサ。

——してみると、この頃のように著書が完備してくると、ああした講義方法の存在理由がなくなるわけだね。

——そうだ。ところがそればかりじゃない。ああいう形式の講義をすることになると、先生も結局読ませる目的で講義案を準備する。先生が講壇に登ってしゃべるのも口頭をもって親しく説明するというよりは、あとで読んでもらうものを書かせる。つまり自分のしゃべるのも要するに一つの機械的動作にすぎないことになる。その結果、講義案を書くにあたっても、まるで本を書くのと同じような気持で、少しも口頭説明の特徴を利用するような気持にならない。いったい僕の考えでは、口で物を説明するのはあたかも画を描くようなもので、常に説明対象の全景を聴者の前に展開しながらコッチをいじりアッチをいじって順次に全体をまとめあげてゆくことができるという特徴をもっている。これに反して、読書によって物を教えるのはあたかも細い管の中を引っぱり廻すようなもので、読者は各瞬間において現にその読んでいる個所のみを読みうるにすぎない。説明の各部分は必然的に時間的前後をもって現われる結果として、説明方法もおのずから全然違ったものになる。だから、同じ講演にしても、筆記して後から読むとまとまっていないが聞くといかにも面白い講演と、聞いてはどうも面白くないが後から読むと面白い講演の区別がある。世の中の人はどうかすると、後者のほうを尊重する気味があるけれども、いやしくも口頭説明という特徴を利用する以上、むしろ前者のほうが講演として成功したものだと僕は考えている……。

——だから大学の講義もそうでなければならないと君は言うのだね。

——そうだ。無論学生が筆記してゆく便宜も多少考えねばならないから、そう無遠慮に絵画式を発揮するわけにもゆかないが、昔のように初めから書かせかつ読ませる目的で講義をするがごときは、そもそも初めから口頭演述の特徴を捨ててかかるもの、講義としてははなだ愚なるものだと僕は思うのだ……。

——それで、今ではもうあの流儀ははやらないわけだね。

——そうだ。もっとも或る大学では今でもやはり相当行われているらしいけれども。

——それじゃ、この頃は一般にどんな方法をとっているのかね。

――サア、いろいろの流儀があるけれども、講義案なり著書をもたせておいて説明を与えるという形式をとっている人が最も多いだろう。

――その方法はどうだね。

――この方法は少なくとも学生をタイピスト扱いにせずにすむだけの長所はある。それに講義案がよく出来ており、かつ先生の説明がうまくゆきさえすれば大いにいい。ところが、この頃ではこの方法にもいろいろ欠点があるということが発見されるようになった。第一、あらかじめ適当な講義案を準備・印刷して学生に配布しておくことが大事業で、なかなかうまくゆかない。何か著書を台本として使うのも一方法だが、著書はそもそもそれ自体独立して読むために書かれたものだから、講義案としては必ずしも適当しない。それから妙なもので講義案を台本にして説明をしていると、ややもすると学生の注意が散漫になるおそれがある。おそらく学生としては少しくらい聞き漏らしてもともかく講義案をもっているからたいしたことはあるまいという気持が多少あるらしい。筆記時代にくらべると、どうもそこがうまくゆかないというのだ……。

――そんなことじゃ、心がけの悪い学生は初めから学校へ出てこないだろう。

――無論そういう弊害もある。しかしそうした学生は、筆記時代でも他人のノートを借りたりプリントを買ったりして何とか間にあわせている連中で、あまり問題にする価値がない。これに反して、学生の注意が散漫になるという問題は大いに考えなければならない。が しかし、僕の考えでは、先生の説明方法がよく説明内容もまた適切でありさえすれば、この方法をとってもおそらくそうした弊害は起こらない。それがうまくゆかないのはおそらく先生に力が足りないかもしくは熱が足りないためだと思う。

——しかし、いったい先生に力があり熱がありさえすれば教授法などはどうでもいいのじゃあるまいか。

——そりゃ無論先生に力があり熱のあることは必須条件だ。力もなく熱もない先生が教授法にばかり気をつけても教育の効果を挙げうるわけはない。しかし同じ力をもってし熱をもってしても、方法が悪いと教育の効果を十分に挙げることはできない……。

五

——それで、いったい君はどういう方法で講義をしているのだ?

——サア、いろいろやってみたよ、筆記式も講演式も、その他いろいろの方法をやってみたが、結局、最も理想的な方法として確信をもっているのはアメリカ流のケース・メソッド(case method)だ。もっとも今では学生の数が多すぎるのと教授資料の作成が間にあわないために実施を中止しているけれども……。

——何だい、そのケース・メソッドというのは？

——簡単に説明すると、要するにたくさんの裁判判例の中からあらかじめ適当の資料を選んでおき、それを学生に研究させた上、教場では質問応答の形式で学生自ら法律の精神と運用術とを会得させようとする方法だ。

——するとまず普通に演習とでもいうような方法をとるのだね。

——そうだ。しかし根本の精神は演習と全く違ったものだ。演習にあっては演習を行う前すでに講義によって理論的に十分の知識を与えておく、そうして実地演習によってその知識の活用を習得させるのが主要目的になっている。つまり講義が主で、演習は副であり補充であるにすぎない。これに反して、ケース・メソッドにあっては教師のほうから積極的に理論を教えるようなことを絶対にしない。教師はただ教授資料たるべき判決集を与える。そうして学生自らをして判決集を読ませかつ研究させる。それで教授が教場でやる仕事はもっぱらかくして研究してきた結果について学生に質問を発する。そうして問いつめ問いつめた上、結局学生自らをして自らなるほどと悟らせるようにするのがこの方法の精神だ。

——すると、ちょうど禅の修業が公案を与えた上修業者自らをして思弁せしめる方法によって悟りを開かせるようにしてゆくのと大いに似た点があるね。

——大いにそうだ。法律学を研究するについて最も大事なことは法律的思惟の修得だ。ところが思惟の修得は思惟の実践によってこれを修得するのが最もいい方法で、外からああ考えろのこう考えろのと教えてみたところがなかなかうまくゆくものではない。あたかも禅学問答なんていう本をいくら読んでみても悟りを開きえないのと全く似ている。いったい法律学というとその内容は、千変万化、いろいろ複雑しているようにみえるけれども、よくよく分析してみるとその根底に横たわっている根本原則はいくらもない。それをたくさんの公案を与えて順次にぶち破らせながら自ら悟らせてゆくところにケース・メソッドの特徴があるのサ。

——なるほど。理窟だけはもっともらしい。しかし実際君の言うとおりうまくゆくものかしらん。

——無論ゆくよ。判決集のいいのがあり、また教師にその人を得さえすれば全く理想的にゆく。現にこの方法を発明したアメリカなどは、ハーヴァードのラングデル（Langdell）教授がこれを創始・実行してからまだ五〇年にもならないのに、法科大学という法科大学はほとんどすべてこの方法を採用している。そうしてすべて立派な成績を挙げている。このことについてはウィーン大学のレードリッヒ（Redlich）教授の書いたものに The common law and the case method という本があるから、ぜひ一度読んでみたまえ。

——そうかね。しかしそういう方法を実施するについては教師もずいぶん勉強する必要があり、学生としてもかなり勉強しなければなるまい。

——無論だとも。教師にしても現在日本の大学教授がやっているよりは二倍三倍の骨が折れるという話だ。学生などは一時間の講義を受けるのに二時間の準備をしなければならないようなしまつだ。だから一流の大学では法科の学生はとても運動の選手などになっているひまはないと言われている……。

——なるほど。しかしそれにしてもよく学生がそんなに準備してくるね。

——だって先生のほうから積極的に教えてくれない以上、学生自ら十分に準備して自発的にやらないかぎり、全く教場に出る価値がないことになるもの。

——なるほどね。そう言えば今の日本の学校では一般にあまり教えすぎる。僕が高等学校にいた頃、塩谷青山先生という漢文の先生がいた。その先生は学生に朗読させたり先生自ら朗読してきかせたりするだけで、一々こまかい説明なぞを与えない。うるさく質問すると、そんなことは何遍も読んでいるうちにおのずから解るものだと言って、とりあってくれなかった。それでその頃は何だ先生はゴマカシているのだくらいの悪口を言い合ったものだが、今にして考えてみると、ああした教授法に大いに味があると思うね。

——そうだとも。子供にしたって腹を悪くすることばかりをこわがって毎日お粥ばかりを食わせているとかえって体を弱くする。適当に固いものを食わせながら消化力の発達をうながすようにしなければ真の健康を期することはできない。教授法でもその点は最もだいじだ。

――そうだろう。しかし、それにしてもアメリカの学生たちは先生の問いに対して一々ハキハキと受け答えをやるかね。

――大いにやるよ。日本の学生を見ていると、先生から何か質問を発してもなかなか奮発して答えようとするヤツがない。皆おれは解っているけれども答えない。答えなどするのは大人君子の沽券にでもかかわるような顔をしている、全くもっていやになる。

――アメリカの学生にはそんな傾向は全くないか？

――ない。先生が「誰か知っているか」というような質問を発すると、大の男が――イヤ無論女の学生もいるがね――皆競ってまるで日本の小学生がやるように手を上げる。そうして臆面もなく滔々とやる。その溌剌たるぐあいは見ているだけでも実に気持がいい。

――そうかね。日本の大学生じゃとてもなかなかそううまくゆかなそうに考えられるが、いったい、どうしたらそんなぐあいにうまくゆくかしらん。

――至極もっともな疑問だ。おれも初めその点について大いに驚嘆した。そうして或る先生にケース・メソッドをうまくやってゆくについて教師の心得べき重要事はなんだという質問を発したものだ。するとその先生の言うことが面白いじゃないか。第一に、学生がどんなにバカな返答をしようとも絶対に笑ってはいけない。イヤ他の学生に笑うべき機会を与えるようなことをしてもいけない。第二に、学生の質問に対して先生自ら知らないことがあったならば「知らない」と答えろ。この二つが教授の秘訣だというのがその先生の答えサ。

——なるほど。シテその笑ってはいけないというのはどういう意味だい。

——それは解っているじゃないか。学生が先生の問いに答えるについては相当決心がいる。しかるに、せっかく決心して答えると笑われてしまうのでは、学生としてももう再び答えまいという気になる……。ところがどうだい、日本の小学教育を見ていると、十分その点を考えていない先生が実に多い。春の若草が萌え出るようにおっかなびっくり頭を出してくる幼少な生徒に向かって、先生は無遠慮に嘲笑を与える。無論他の生徒はいっせいにドッと笑う。あれじゃせっかく一度は答えるだけの勇気を奮いおこした生徒も、まるで晩霜にあった若芽のようにたちまちいじけてしまう。かくして生徒は年とともに萎縮して中学生となり、大学生となって、ついには石のように沈黙した大人君子になってしまう。こうした学生を相手にしては、うまくケース・メソッドなどを行う余地は全くないと言わなければならない。

——すると、解らないことはいさぎよく解らないと答えろという教えの意味は何だい。

——それも今さら説明する必要はないじゃないか。いったい教師というものは学生に質問されたときに「知らない」と答えるのを嫌がるものだ。なんだかバカにされそうな気がしてなかなかそうした答えをすることができない。ところが「知らない」という答えを嫌がって何とかいいかげんな返事をしたとしてみたまえ。そのいいかげんなことはすぐにばれるに決まっている。そうしてそれがばれた以上、以後先生の信用は全く地に墜ちる。こんどはいかに先生が立派な説明を与えても、学生のほうじゃもはやそれをそのまま信用しない。大いに割引していくぶんの疑問を挟みつつ万事を聞くようになる……。

——それじゃ全く教育の効果を挙げることはできないね。

——そうだとも。だから問答式の教授法をとるについては先生としても十分な準備と立派な覚悟を必要とする。先生の身になってみるとなかなか楽じゃないよ。

——そうだろうな。しかしそのかわり教授の成績は大いにあがるね。なにしろ教えることが一々学生の身に滲みて徹底しうるから。

——そうだ。ことに法律学のように先ず第一に法律的思惟の修練をさせねばならない学問にあっては、ああした実践的な禅式の鍛錬が最も必要だ。ああやる以外全く他に採るべき方法がないと思われるくらいなものだ……。

——そんなら君も万難を排してその方法を実施すればいいじゃないか。

——そりゃ無論いいに決まっている。だからかつて二、三年万難をおかして実行したことがある。そうして自分の口から言うのも変だがその成績は決して悪くなかったと今でも考えている。ところがなにぶん教材たる判決集を作ることがなかなか僕一人の力ではできない。学生の数も問題にならないほど多すぎる。それにさっきも言ったような事情で、学生が一般に大人君子を気どっている。これじゃ到底理想的にこの方法を実施することができないよ。

――なるほど、もっとも千万だ。それで今ではどんなことをして教えているのだ?

――しかたがないから、筆記式に講演式を加味したような折衷的な方法でどうやらやっている。しかし、なるべく判例に現われた事例を引きながら法律的思惟とはこうしたものだということを教えるために、できるだけ考え方の実際をやってみせるようにしている。

――すると、一々公案を与えて修業させるわけにゆかないから、禅学問答の説明をして間接に悟りに近づかせるようなことをしているわけだね。

――そうだ。遺憾ながら今のところそれよりはかにとるべき途がないのだ。

――それにしても、従来普通に一般の教授がやっている口授的筆記式よりははるかに法学教育の目的にかなっているだろう。

――ウム、少なくとも僕自らはそうだと確信している……。

六

――そこで終りにもう一つ聞きたいが、法律学を学ぶとしてどういう学問を予備的もしくは補充的に研究する必要があるかね。

――経済学、経済史、社会学、心理学、論理学……と何でも知っていて損なものは一つもないね。

――ハハア……そりゃ無論そうだろう。しかし中でも特に必要なものは何かね。

――サア僕の考えでは経済学、経済史、それと社会学の知識だけはひととおりどうしても欲しいと思う。

――論理学はどうかね。

――無論必要だ。しかし今日高等学校あたりでやっている程度の論理学なら必ずしも必要じゃない。もっとも昔僕らが大学に入る頃には法律学に入るとしても最も必要な予備知識は論理学だと一般に考えていた。形式論理を巧みにあやつりうる者即ち法律学の優者であるように考えていた。

――というのは、どういうわけだい。

——今から考えると変な話だが、その頃の法律学では法律の解釈適用は「法律」を大前提とし「事実」を小前提として行われる単純なる形式的の三段論法にほかならないものと考えていた。したがって法律の解釈・適用は中学校でやる初等幾何学の問題を解くのと非常に似たもので、中学校で幾何学のよくできた者は法律学にも向いているくらいに考えていた……。

——しかし、そりゃ一面至極もっともなところもあるじゃないか。

——そりゃそうだ。いったい、あの幾何学というヤツが数学の中でも一種特別なもので、一面形式論理を巧みにあやつる力をもっている必要があると同時に、他面一種の言うに言われない「コツ」というか「思いつき」とでもいうようなものがないとうまくゆかない学問らしい。その点は法律の解釈学と幾何学との間に非常に似た点であるから。

——なるほど。ところで今ではそうした幾何学の問題を解くような能力をもっているだけでは、到底立派な法律家になれないというのはどういう意味かね。

——サア、それは非常にむずかしい問題だが、簡単に言うと法律解釈学にあっては、幾何学の公理・定理に相当する「法律」の何であるかが一々のことがらについて必ずしも確実に決まっていない。裁判官なり法律家が自分独自の意見でこの際適用せらるべき法律の何であるか、その法律内容如何をきめてかからなければならない。法律は決して幾何学の公理や定理のように明瞭な内容をもって初めから確然とそこに存在するものではない。むしろ法律家自らが探求する、イヤ進んでは法律家自らの創造するものだ。法典の中に書かれた文字そのものは死文にすぎない。その中にそれ自体充足した不可動的の法律内容がそのままはっきりと書き記されているわけではない。次にまた三段論法の小前提に相当すべき「事実」にしてもそれは決して幾何学の問題における小前提のごとく明確なものではない。裁判官が裁判をするにあたっては雑然たる生地の事実の中から法律適用の対象たるべき「事実」を探り出すのであって裁判官そのものの働きもやはり一種の創造的作用と言うことができる。ところが以前われわれが法律学を習い始めた頃の法律家は法律の解釈・適用をそうしたものとして考えていなかった。「法律」も「事実」も初めから確定したもので裁判官自らの「創造」を入れる余地は全くない。裁判官としてはただ機械的に形式論理をあやつるのほか他に何らのなすべきことがないように考えていた。そこで法律の解釈・適用は幾何学の問題を解くのと大差ないものとして一般に考えられていたのサ。

——なるほど。そうなると例えば裁判官が或る事件に適用せらるべき法律の何であるかを決めるについても与えられている法規の社会的価値如何について十分の批判を加える必要がある。そうしてその上で初めて適用せらるべき法律の内容が定まる、というわけだね。

——そうだ。さればこそ、その批判を妥当になしうべき能力を養う必要がある。経済学、経済史ないし社会学等の素養を必要とするというのもそれがためだ……。

——つまり今までの法律家はとかく法律の世界にたてこもって内からのみ法律を観察しようとする。その結果として、とかく法律の実際上働く範囲を不当に広く考えすぎたり、社会制度の一として法律の存在するゆえんを忘れて全く世の中と調和しない一人よがりの法律解釈をする。これに反して君らは法律を内からながめると同時に法律以外の世界からも観察しようとする。そして一面法律本来の社会的使命を正しく理解して、道徳、宗教その他各般の社会的規範および経済その他社会的事物の必然に要求するところと調和しつつ、法律をしてその本来の使命を十分に発揮させようとするわけだね。

——大いにそうだ。それに学生をして法律を正しく理解させる方便としても、その法律を生まれしむるに至った経済的社会的事情について十分説明を与える必要がある。そうすればその法律の妥当する範囲も明瞭になり、したがって法律を解釈・適用するにあたっても対象たる事実がはたしてその法律の妥当する範囲内にありや否やについて精密な観察をするようになる。かくして初めて法律の社会的使命を正当に理解させ、これを社会と調和するように取り扱う術を会得させることができるのだ……。

七

――すると君らが法律研究方法の一つとして判例の研究を高唱するという話を聞いたことがあるが、その理由もまさにそこにあるわけだね。

――そうだ。学者は自ら机上で純理を考えると主張している。しかも彼らが机上でそのいわゆる「純理」を考える場合にも、実は頭の中では或る事実――しかもきわめて単純化された実際の世の中にはとてもありそうもない事実を空想している。そうしてその事実を基礎として法律を考えている場合が多い。その結果、彼らの説くところは初歩の学生に法律の模型的な――したがって実際には存在しない――動きを教えるには役立つけれども、実際世の中に出てくる活きた複雑な事実に法律を解釈・適用してゆくについてはほとんど何らの助けをも与ええない場合が多い。これに反して実際の判例を研究してゆくと、法律が実際の活きた複雑した社会的事実にあてはめられつついきいきと活躍しているありさまがありありと見える。その結果、判例を研究してみると、実用的にもまた理論的にも、学者として大いに反省するところが多い……。

――それでこそ初めて本当に活きた法律が解るというわけだね。

——そうだ。学者はよく判例などを研究しても、裁判所はどの法規をどう解釈しているかもしくはかつてどう解釈したことがあるかが分るだけで、学問的にはたいした価値がないもののようなことを言う。けれども、そういう連中は法律というものが活きた複雑な事実に適用せられつついかに千変万化の相を示すものであるかに気がつかないのだ。そうしてその事実につれて千変万化するゆえん、およびその変化する法則を明らかにすることが法律学解釈の最も重要な任務であることを忘れているのだ。また、われわれが判例を研究していると裁判所が或る事件を取り扱うにあたってその理論的説明に窮するのあまりいろいろ無理な説明を与えている例を発見することが少なくない。その場合われわれはすぐにわれわれ法律家が従来理論なりとして説いていたことそれ自体に、或いは根本的の誤謬があるのではないかという反省をする……。

——ちょうど物理学者が新しい実験に基づいて在来の仮説それ自体に向かって疑いをいだくようになると同じように……。

——そうだ。われわれ法律家は、物理学者のように、自分の好むことがらについて、随時に、限定された条件のもとに、好きかってな実験をやってみるわけにはゆかない。しかし判例の上に現われた法律の活きた働きを活眼をもって観察していると、全く物理学者が実験をやっているのと同じ効果を挙げることができるわけだ。

――そういうふうにして或いは従来の理論の誤謬ないし欠点を発見し、また或いは新しい理論の補正を考えることができればまことに結構だね。

――大いにそうだ。だから君がこれから法律学を研究するにしても、やはりこういう方面に注意することだけは怠らないようにしてほしいと思うね。

第二話　法律

一

——それではいよいよ法律学の本問題に入るとして、まず第一に「法律とは何ぞや」という問題を説明してくれないか。

——なに？　法律とは何ぞや？　君のような初学者がそんな問題から始めるのは学習の順序上はなはだ面白くないんだがな……。

——というと、初学者にとっては問題があまりに理論的ないし抽象的に過ぎるというわけかね？

——そうだ。

——しかし、僕の注文は決して初めから専門的法律学者を満足させるような厳密な定義をかかげて理論的に説明してくれというのではない。むしろいろいろ実例を挙げながら、法律はこうしたものだということをおのずから悟れるように説明してほしいのだ。

——よろしい、そんなら一つその方針でやってみるが、あくまでも君をしろうと扱いにして説明するぜ。つまり具体的の実例を挙げて君の直観に訴えつつ、その直観するところに理論的の批判を加えながらだんだんに概念を明確にしてゆくというような方法で……。

——どうかそう願いたい。

二

——それではまず僕のほうから聞くが、君ら普通の人々は法律というと何となく君主その他主権者の命令であるというような感じをもっているのじゃないか？

——どうもそんな気がする。

——しかし、そういうふうに考えると、一般に法律だと思われている国際法は法律の中に入らないことになるぜ。

——というと？

——国際法の行われる社会、即ち国際社会には、それを支配する君主その他主権者のようなものが存在しない。したがって従来国際法だと言われている法規のすべては国際条約なり国際慣例から発生したものだ。それにもかかわらず、われわれ法律家はもちろん、君の直観に訴えても、あれを法律ではないとは言い切れないだろう？

——そりゃそうだ。しかし国際社会にしても国際連盟ができたり国際仲裁裁判所ができたりするにつれて、だんだん主権らしいものが生長してゆく傾向はあるじゃないか。

――そりゃ無論ある。しかしさらばといって、今までの国際法は法律にあらず、今後ようやく法律にならんとしているというわけにもゆくまい。

――そう言われれば確かにそうだ。がそれにしても、どうしてわれわれ普通の人間には法律即ち主権者の命令というような考えが一般に滲み込んでいるのかしらん？

――そりゃ歴史上法律のうち重要なものは主権者の命令によって発生したものが最も多い。その結果として一般に法律と言えば何となく主権者の命令であるというような感じをいだくようになったのだ。

――なるほど、すると国際法以外にも主権者の命令に基づかずに発生したと認むべき法律の例が、ほかにたくさんあるかね？

――そりゃいくらでもある。第一われわれの世の中には慣習法即ち社会一般の慣習によって法律たる力をもつに至った規範が数多く存在する。そうしてそれらの慣習法的規範は国家主権者の命令によって発生したものでもなければ、また国家主権者の承認を待って法律たる性質を取得したものでもない。かりに国家がかくかくの慣習法はこれを否認すると宣言してみても、それはただ国家としてはその慣習法を認めない、したがって国家の裁判所は裁判上その効力を認めてはならない、ということを宣言しただけのことであって、その慣習法それ自体が社会上実質的に法律たる性質を有するや否やは理論上毫もそれによって影響を受くべきではない……。

――しかし国家が認めなければ、慣習法にしてもおのずから効力がうすくなるだろう。

――そりゃなることもあるだろう。しかし、それは事実上の問題であって理論上必然の関係ではない。なるほど慣習法は国家の否認によって事実上世の中から消滅することもありうるだろう。けれども慣習法の法律性それ自体は理論上全然独自的に考えらるべきことがらであって、国家の認否如何とは何ら理論的の関係をもつものでない……。

――なるほど、その点はいかにもそうらしい。

――それでは、こんどはもっと極端な例を引いて問題を考えてみよう。例えば僕がこの部屋に「禁煙」という掲示を出したとするぜ。君はそれを法律だと思うかね。

――さあ確かに一種の規則だとは思うけれども、何となく法律だという気はしないね。

――それなら電車の中に出ている「禁煙」の掲示はどうだ？

――あれなどでも「其筋のお達しにより」とか何とか警察その他多少とも国家権力に基礎を置いておればともかく、電車会社がかってにそういう掲示を出しても法律にはなりえないだろう。

――しかし、例えば電車会社がそういう掲示を出しているにもかかわらず或る乗客がそれを無視して煙草をのむ、車掌が注意してもどうしてもきかない、しかたがないから車掌がついにその客を降ろしてしまったとするぜ。そうした現象は国法を遵奉しない人間に向かって国家が刑罰その他制裁を加えてまでも遵奉を強要するのと非常に似ていないかしらん……。

――似ていることは確かに似ている。

――そんなら国家の権力に基礎を置いているかどうかということだけを標準にして法律なりや否やを決めようとする考えは非常にあやしいという結論だけは確かに出てくるじゃないか。電車に乗ってくる不特定・多数の客を予定しそれに向かって遵守を強要する目的をもって会社が「禁煙」の規則を出した以上、その規則は国家の法律――ないしいわゆる「其筋のお達し」――に根拠を置いているや否やに関係なく電車内の法律になる。無論その規則が「其筋のお達し」に根拠して制定されたのであれば、イザ違反者がある場合にも国家はただちに強制力を貸して規則の強行を助けてくれるだろう。したがって平素からその規則が事実上行われやすいという傾向はありうるだろう。しかしそれもやはり事実上の問題にすぎない。その規則が性質上法律と見るべきものなりや否やは全然別に理論的に考察せらるべき問題だ……。

――すると君がこの部屋に「禁煙」の掲示を出した場合も全然同じだと言うのかい？

――そうだ。

――しかし、この部屋は大学研究室の一部分、いわば国家の所有物だ。したがって大学自らが「研究室内において喫煙を禁ず」というような規定を制定したのであれば格別、事実上この部屋の使用を許されているにすぎない君がかってにそんな掲示を出しても、それを法律と考えるのはチト変じゃないか。

——そういうと、君は大学自らが決めたものであれば、ともかく国家という背景をもった規則だから法律だと言うのかい？

——そんなことはない。さっきからの話をきいた以上、法律性の決定について今さら国家をかつぎ出す必要はないくらいのことはわかっている……。

——そりゃそうだろう。さもないと、同じく大学当局者の制定した禁煙の規則でも国立大学のそれは法律であり、私立大学のそれは法律でないというような変な結論に到達せざるをえないから……。

——なるほど、そりゃそうだ。しかし、同じ規則でも君が作ったのと大学当局が作ったのでは大いにわけが違うだろう。

——そりゃ違う。しかし根本の理窟は少しも違わない。なるほど、この部屋は大学研究室の一部分にすぎないから法律上僕の所有物でないこと、もとより言うを俟たない。けれどもこの部屋が僕の研究室として事実上僕の専用に供されている以上、僕としては事実上この部屋について「禁煙」の規則を制定することができる。そうして入室者に向かって禁煙を強制することができる……。

——しかし君が強制しうるというのは要するに事実上の問題で、何ら法律上の根拠をもっていないじゃないか。

——そりゃそうだ。けれども、それと国家が何らか或る規則を決めて国民はすべてこれを遵守すべしと命じている場合とどれだけの違いがあるかしらん……。

——けれども、国家には主権がある。

——なるほど。しかし国家には主権がある。したがって国家の制定した法律は国民一般に向かって法律的効力をもつという説明は、要するに光の伝達を説明するためにエーテルの存在を仮説するのと類似した説明方法ではあるまいか。国家の法律が国民に向かって法律的効力を有する社会的基礎をこまかに考えてみると、或いは国民が主権者たる君主に向かって理窟を超越した崇高な尊敬心をもっているとか、或いは主権者が兵馬の権、警察司法の権その他の権力をもってその命令を強制・貫徹しうるだけの実力をもっているとか、国家が国民に対して心理的ないし物理的の優越力をもっていることが要するにその命令に法律的効力を与える社会的基礎であって、主権概念のごときは畢竟それらの事実的優越力の足らざるところを補足するための論理的仮説にすぎないのではあるまいか。換言すれば、国家には主権がある、したがってその制定した規則は国民に対して法律的効力があるという説明は、法律的・

論理的には確かに成り立ちうるけれども、社会学的に事物をありのままに観察してみるとそれではいかにも物足りない。ことにそうした考え方をもとにして、国家には主権があるからその制定した規則に法律性を認めうる、これに反して僕はこの部屋について主権をもたないから僕の決めた規則は法律になりえない、というがごとき説明は少しくものごとを実質的に考えてみると全然意味をなさないじゃないか。

――なるほど、そう言われてみると確かにそうだ。社会学的に考えてみれば、国家がその支配する人民を相手にして規則を決めるのと、君がこの部屋に入り来るべき不特定・多数の人々を予期して「禁煙」の規定を決めるのとはきわめて類似したことがらだ。本質的には全く同じもの、ただ両者の間に程度の差異があるにすぎない、と考えるのが合理的だ……。

三

――そうだとも。いったい今までの法律論は一般に国家的要素を重く考えすぎている。そうして社会学的考察と論理的思弁の問題とを混同している。その結果、或いは国家主権者の命令即ち法律であるとか、或いは少なくとも国家主権によって支持されている規範即ち法律である、というような説明を与えがちである。ところが事実を如実に観察してみると、同じく国家の法律にしてみても、専制君主国もしくは現在わが国のごとき立憲君主国にあっては、いかにも君主即ち主権者の命令によって法律が制定されるようにみえる。これに反して共和国などにおいて法律の制定されるぐあいを見ていると、あれを主権者の命令であると説明するのはかなり無理だ……。

――しかし、主権は君主に在らず、主権の主体は国家である、というように説明すれば、あれらの国の法律もなお主権者の命令として説明しうるじゃないか？

――ところが、そうした説明は畢竟形式的な法律家的説明にすぎない。事物の根底まで透徹した科学的説明とは到底言うことができない。そういう考えは要するに、古来法律の多数が君主の命令によって発生したという事実を根拠としてまず「法律は君主の命令なり」という定義を決めた上、さらに「君主は主権者なり」否「主権者は国家なり」というような考えを基礎として「法律は国家主権者の命令なり」という結論を導き出しているにすぎない。それに比すれば、国家の法律の中にも君主の命令によって発生するものもあり国内有力者の協定によって成立するものもある、という説明のほうが、はるかに真をうがっているじゃないか。

――なるほど。そうすると国家の法律でも発生原因を標準にして分類するといろいろに区別することができるというわけだね。

――そうだ。同じく国家の法律でも或るものは命令により、或るものは協定により、或るものはまた慣行によって発生する。いわゆる裁判上の慣例、ドイツ人のいわゆる Gerichts-gebräuche のごとき、まさにその最後の例だ。そうしてそう考えてみると、国家以外の社会についても、或る時にはその社会の事実的権力者の命令によって法律が発生したと考えることができるし、或る時にはその社会構成員全部もしくは有力者の協定によって法律ができ、また或る時には社会生活の一般慣行から法律が生まれると考えられる場合もある。要するに、発生原因如何によって法律なりや否やを区別し、また国家的要素の存否如何によってその区別を立てようとするのが根本的に間違っている……。

――すると、国家的権力によって支持されている規範即ち法律だという考えもいけないかね。

――無論いけない。なるほど国家の法律は国家的権力によって支持されている。けれども、国際法を支持しているものは国際社会そのものに行われている一種の統制力であって、国家的権力ではない。国家内の各種小社会に行われている法律を支持するものもそれら小社会を支持している統制力それ自体であって国家的権力ではない。要するに、国家主権者の命令とか国家主権の支持というような観念を基礎にして法律概念を決めようとする考えはすべて間違っている……。

――それじゃ一体君はどこに法律と否とを区別する標準を求めようとするのかね？

――十分に説明すれば長くなるが、要するに法律はすべてその行わるべき社会の存在を前提とする。また社会が存する以上そこには必ず或る統制力が行われている、そうしてその統制力が当該社会に行わるべきものとして遵守を強要している規範である以上、その社会が国家であると否とに関係なくすべて法律だというのが僕の考えだ。

四

――何だいその統制力というのは？

――国家について言えば国家の権力が即ちそれだ。

――国家以外の社会について言うと？

――要するに当該の社会それ自体したがってその法律の存在を可能ならしめている基本的の力だ。

――というと？

――例えば僕がこの部屋に「禁煙」の掲示をした場合に、それをして法律的性質をもたらしめている統制力は僕自らの事実的支配力にある。僕はこの部屋について事実上支配力をもっている、したがって僕がこの部屋に入り来るべき不特定・多数の人々を予定して「禁煙」の規則を決め、そうしてその遵守をそれらの人々に向かって強要している以上、その規則はこの部屋に関するかぎり確かに法律たる性質をもっている……。

——なるほど。

——また例えば、方々の工場に行われている就業規則……。

——というと？

——職工の出勤時間その他就業上の規律を決めている規則のことサ。あれなどは性質上どうしても当該工場の法律として見なければならないものだが、その法律的性質の基礎たるべき統制力如何を考えてみると、或る場合には規則を制定した工場主その人の事実的支配力がそれだと考えられるし、また或る場合例えば工場主と職工の代表者との協定によって規則を決めたような場合には、その協定当事者間に成立した一種の実力関係、信義関係が統制力の基礎だとも考えられる。

——すると、国際法についても国際社会に行われている一種の信義関係が即ちその基本的統制力だと考えることができるね。

——そうだ。無論単に信義関係と言うよりは何となく国際法に権威を与えている国際社会の力と言うほうがより適切のように思われるけれども……。

——なるほど。すると、君の考えによると社会には必ず法律の基礎たるべき統制力がある、ただその統制力がいかなる事実に基礎を置きいかなる形式をもって現われるかが場合によっていろいろ違うというわけだね。

——そうだ。国家の場合でも単に国家には主権があるというような形式的説明をもって満足することは到底できない。国家も一種の社会である以上そこには必ず一種の統制力がある。そうしてその力の実質的基礎を考えてみると、或る場合には君主の伝統的な神権的実力がそれだと考えられる。或る場合には征服君主の武力がそれだと考えられる、また或る場合例えば純粋な共和国などについて言うと、各種の政治的勢力相互間に存する節制関係、協調関係ないしはまた信義の関係がそれだとも考えられる。要するに、形はいろいろ違っても、いやしくも社会たる以上そこには必ず基本的の統制力が存在する。そうしてその統制力が遵守を強要している規範が即ち法律であるというのが僕の考えだ。

五

——なるほど。いろいろ聞いてみると大いにもっともなところがある。むやみに国家的な何物かを法律の必要的要素のように考えるのは確かに間違っている。けれども、ここまで考えを進めてきた上でまた別に心配になるのは、かくして得られた法律の概念があまりに空漠に過ぎる。道徳・礼儀などとの区別ははたしてどこに存するのであろうか、ということだ。そこのところを君はどう説明するのかね？

——その点をどう説明するかについては昔からいろいろの議論があるけれども、僕としてはやはり当該の規範がその社会の統制力によって強行せらるべく要求されているかどうかで法律なりや否やを区別しうると考えている。学者の中には、規範の内容如何でその区別を立てて、例えば道徳は人の心に関する規範、法律は人の行為の規範であるというような説明を与えている人が少なくないけれども、僕の考えでは例えば一般に道徳にすぎないと言われている「親を敬うべし」という規範でも、国家が法律制定の手続によってそれを制定し、そうしてその遵守を強要するならばやはり法律になる。無論、法律の力をもって人の良心を動かすことはできない。したがってそういう法律が事実所期の目的を達しうるや否やは別問題だ。だからまた国家がそういう法律を制定することが妥当であり合目的的であるかどうかは大いに疑わしい。むしろはなはだ妥当でないと僕は考えている。けれども、それがためその規則が法律であることには何らの妨げもないわけだ。

——すると礼儀についても同様のことが言えるかい？

——言えるとも。例えばわれわれが知人に会ったときにはお辞儀すべきだという規範は礼儀にすぎない。けれども、軍隊で上官には必ず敬礼すべきことを規定し強要していれば、その内容的には全く同じ規範が法律になる。宗教的信仰にしても国家が国民に向かって一定の信仰をもてという命令を発することが妥当であるかどうかは別問題として、社会統制力としての国家がかかる規範の強行を要求している以上、なおそれは一種の法律だと言うことができる。

——しかし或る人が一定の信仰をもっているかどうかは結局その人間の外部的行動によって推知するのほかない。例えば「日本人はすべて神道を信仰すべし、信仰せざる者は死刑に処す」という法律を作ったと仮定する。しかしいよいよその法律を強行するとして、はたして或る人が神道を信仰するや否やは神社を拝むや否やというような外形的事実によってこれを判断するのほかない。したがって、結局法律として単に人の行為を左右しうるだけで心の問題はどうにもならない。それは法律規範の外にあらねばならない、という結論になりはしないかしらん。

——そんなことはない。そういう議論は従来かなり広く行われているけれども、それは要するに法律の法律としての効力と社会的効果とを混同するために起こる考えだ。なるほど或る人が一定の信仰を有するや否やはその人の行動によって判断するのほかない。けれども法律は必ずしも神道の信仰を強制する目的をもって「神社を拝むべし」というような外形的行為を強要する規範の形式をとらねばならないという理由はない。直接心の問題に干渉して「神道を信仰すべし」という規則を作ったからといって、決してそれが法律ではないと断言することはできない。なるほどそういう法律は不適当な法律であるかもしれない。いかほどそんな法律を作っても結局人の心を動かすことはできないかもしれない。しかし動かすことができるかどうかはその規範の社会的効果の問題にすぎない。それが法律それ自体として効力を有するや否やは毫もそれによって動かさるべきではない……。

——するとつまり、法律が心の問題に干渉するのがいいか悪いかの問題と、心の問題を規律したものが法律であるかどうかの問題と全然別だというわけだね。

——そうだ。ところが今まで多数の学者はその二つの問題を全く混同して、ともかく法律は外形的行為の規範だというような定義を与えようとしている。

——なるほど。ところでそうした考えはいったいどういう原因から生まれたのかね？

——サアこれも相当議論のありうる問題だが、要するに中世の国家が一般に個人の権威を無視しみだりに人の心の問題にまでも立ち入って無理な干渉を行った、それに対する反動として——即ち近世的の個人主義的人格主義的思想の現われとして——法律は単に人の外形的行為を支配すべきもの、心の問題に立ち入るべきものではない、というような主張が一般に行われ、そうして法律と道徳ないし宗教とをなるべく引き離そうとする努力が広く一般に行われるようになったことにその原因があると僕は考えている。

——するとそうした主張は要するに法律をもって心の問題に干渉するのはいけない、合目的的でないということを主張しているだけで、法律は概念的に必ず人の外形的行為に関するものでなければならないと言っているわけではないのだね?

——そうだ。ところが後の人々はああした議論の生まれてきた時代の背景を忘れて一般に法律と道徳とはあくまでも区別すべきものだという考えにのみとらわれている。そうして法律は人の行為に関する規範、道徳は人の心に関する規範であるというような説明を与えて安心している。無論、僕だって法律をもってみだりに人の心や信仰の問題に干渉するのははなはだよろしくない、そんなことをしても単に目的を達しえないのみならず、社会上かえって悪い影響を及ぼす、と確信している。けれども、それは単にそうしたことをするのが合目的的であるかどうかの問題にすぎない。法律の概念それ自体とは全然別箇のことがらだ……。

六

——なるほど。その点は大いに納得できる。が、そういうふうに或る規範が法律であるかどうかを決めるについて国家的要素も全然排斥しまた規範の対象たるべきことがらにも全然何らの区別も立てないことにすると、結局或る規範の法律なりや否やはその規範の行わるべき社会の統制力がその遵守を強要しているかどうかという標準だけで決まることになる……。

——そのとおりだ。

——ところがそういうことになると、その遵守が強要されているかどうかを具体的事実について判断することが非常に困難であり、その結果、法律なりや否やを判定するのが非常にむずかしくなりはしないかしらん。

——そりゃ無論なる。しかしそれは単に実際上の困難であって理論そのものの欠点ではない。国家の命令その他国家的要素を加味して法律の概念を決めようとすることがごとき学説は畢竟その実際的困難を避ける目的をもって理論をみだし誤っているものとみなければならない。また規範に制裁が附いているかどうかを標準として法律なりや否やを決めようとするがごとき説も同様の傾向にあるものと言うことができる……。

——というと？

——つまり道徳はそれに違反する者に向かって何ら外部的の制裁を加えざるに反し、法律はそれを加えると言うのさ。

——なるほど。

――ところが、制裁の有無は社会的統制力が遵守を強要しているかどうかを判断する標準の一つにはなりうるけれども、それ自体決して独立・唯一の判断標準となるものではない。現に法律の中には何ら制裁の規定されていないものがいくらでもある……。

――というと？

――例えば憲法や国際法の中にはたくさんそうした例があるが、それらの規定はいずれも法律の強行を確保するについてすべてを政治的道徳、国際的信義等法律以外の力に信頼しているのであって、事実またそれよりほか、しかたがないのである。しかもそれがためその法律たる性質は毫も害されない……。

――なるほど。聞いてみると結局社会的統制力の強要というところに標準を求めるよりほか、しかたがないことになるね。

――そうだ。無論その標準を実際に応用するについては、先ほども言ったようにいろいろの困難がある。ことにその点で一番困るのは慣習法と事実たる慣習との区別だ。例えば或る土地に一定の慣習があるとして、それがはたして法律たる性質をもっているか、もしくは単なる慣行にすぎないか、を判定するのは非常に困難だ。そこでしかたがないから結局学者は一般にその社会の人々がその慣行的規範について法律たるの確信をもっているかどうかを標準として区別を立つべきであると主張している……。

——問題をもって問題に答えているようなものだね。

——そうだ。しかしよく考えてみるとそこになかなか妙味がある。つまり単に慣行であり仕来たりであるにとどまらず、法律として遵守が強要される程度になっているかどうかに標準を求めようとするのだから……。

——が、その場合、その強要をする主体は何者だということになるのかね？

——社会それ自体、社会を構成する人々全体、もう少し具体的に言えば世論その他の形式で現われる社会そのものの統制力だ。

——すこぶる漠然たるものだね。

——無論漠然たるものだ。国家の制定した法律の場合だとその遵守を強要する統制力は国家であるとか主権であるとか比較的はっきりしたことを言える。その結果ややともすると国家の制定によらずして成立した法律についてまで国家的統制力その他国家的要素を持ってきて法律と否との区別をなんとか然るべく説明しようとする考えが出てくるわけだ。しかし、国家以外の社会——例えば国際社会、国家内の各種小社会——にもそれぞれ必ず或る形の統制力がある。無論国家的統制力の場合のように多少ハッキリした形式をもって現われている場合もあり、また単に世論その他きわめて漠然たる形をとっているにすぎない場合もあって、その外形に現われているぐあいは千差万別だ。したがって最も極端な場合をみると、すこぶる漠然たるものになるけれども、それはやむをえない……。

――なるほど。

――例えば、或る部落に村民は必ず毎年一回道普請の仕事に出なければならないという慣習があるとするぜ。そうして、その慣習は或る場合には区長その他部落の役人の命令によって実行され、或る場合には違反者には村八分その他制裁が加えられるという理由をもって確実に実行される。しかしまた或る場合にはそうしたことが全くなく、単に慣習たるのゆえをもって村民のすべてが遵守すべきものと信じ、そしてそのゆえをもって立派に実行が確保されていることもある。しかし、さればといって、この最後の場合は法律でないと言い切れないだろう。

――そりゃそうだ。

――そうして、この場合にはそうした村民全体の信念、それが即ちその慣習の法律たるゆえんを支持している社会的統制力だ。

――なるほど。すると君の考えでは、法律の中にも非常に法律らしいもの即ち何人もその法律たることを疑わないものと、非常に法律らしさの稀薄なものとがあって、法律らしい程度にいろいろの段階がある。そのすべてをひっくるめて、法律とは何ぞやと言えば、要するに社会的統制力によって遵守が強要されている規範が即ちそれだと答えるのほかないということになるのだね。

――そうだ。非常に漠然としているようだが、いろいろ不純な分子を取り除いて考えてみると、考えは結局ここに落ちつく。無論、そうして法律と決められた規範の中にもいろいろな区別がある、ことに国家以外の或る社会が生み出した法律を国家――例えば国家の裁判所――がどう取り扱うか、どの程度まで効力を認めるか、というような問題になると、別に大いに考える必要がある。以上の標準で決められた法律だからといって、国家は必ずしもそのすべてを当然に法律として取り扱わねばならないことはない……。

――国家的立場から或る規範はこれを法律として取り扱うべきではないと決めたとしても、それがためその規範の法律たる性質それ自体は毫も害されないというわけだね。

――そうだ。だからそこのところは別の問題として他日別に話することにしよう。

――どうかそう願いたい。

第三話　社会の法律と国家の法律

一

――君の話によると「法律」というものの範囲が非常に広い、いやしくも或る社会の統制力によって強行を要求されている規範である以上、その規範の内容如何に関係なくまたその社会が国家であると否とに関係なく、すべて法律だということになる……。

――そうだ。

――ところで、その君のいわゆる法律は国家の法律であると否とにかかわらずすべて法律学の研究対象になるかね？

――無論なるさ。例えば国際法なぞは国際社会の法律で国家の法律ではない。しかも国際法を研究対象とする国際法学は明らかに法律学の一部門をなしている。

――なるほど。すると君がこの研究室に出した「禁煙」の掲示も君の説によると一種の法律だそうだが、これもやはり法律学の対象になりうるかね？

――無論なりうる。しかもそれは全然違った二つの意味においてなりうる。

――というと？

――一つはこの研究室という小社会を標準としてこの小社会の法律学が成り立ちうる。例えば、この部屋の中で煙草をのんではいけないという法律がある、しかるに或る男が入ってきて煙草をのむ、僕がとめてもきかない、とうとう僕がその男に退出を命じたとする。そこには明らかに一つの法律現象があり、この部屋の法律学の研究対象となるべき法律事件があるわけだ。

——なるほど。

——ところでその退出を命ぜられた男が、この部屋は大学研究室の一部であるのに僕がかってに禁煙の規則を作ってそれを強行するのはけしからんといって、大学の当局者に訴えたとするぜ。そこで国家の一機関たる大学は国家の立場から大学教授の一人たるにすぎない僕がかってに規則を作ってその強行をはかるのはいけないとかいいとかしかるべく判断をくださねばならない立場に立つ。そうしてその判断をくだすについては、大学の規則だとか国家の営造物使用に関する規則だとかいうものを規準としていろいろ考えねばならない。そしてその問題はまさに国家の法律の問題であり国家を基準として成り立つ法律学の対象となるべき法律現象だ。

——なるほど。それで二つの全然違った意味において法律学の対象になりうると言うのだね。

——そうだ。もう少し他の例を引いて僕の考えを明かにしてゆくと、例えば或る博徒仲間に「博打に負けた者はただちに支払わざるべからず」「支払を為さざる者には鉄拳制裁を加う」という規則があるとする。ところが、甲なる博徒が負けたにもかかわらず容易に支払おうとしない。そうすると彼ら仲間の問題として「甲は支払うべきや否や」「甲に鉄拳制裁を加うべきや否や」なる法律問題が起こる。そうしてその問題を裁断する規準たるべきものは彼らの仲間の法律であり、その法律および裁断を対象として一つの法律学が成り立ちうるわけだ……。

——博徒仲間の法律学がね？

——そうだ。彼らの仲間にだって、かくかくの場合にはかくすべしこれこれの場合にはかくあるべしというふうにいろいろの規則があり、そうしてその規則の解釈・適用に精通した法律学者があり、またその適用を実行する執行者もありうるわけだ……。

——なるほど。

——ところで、そうした博徒仲間の法律はひとり彼ら仲間の法律学の対象となるのみならず、同時にまた国家の法律学の対象にもなりうる。例えば、先ほどの甲が支払わない、勝ったヤツから甲を被告にして国家の裁判所に賭博金請求の訴を起こしたと仮定する。その場合、裁判所はその訴を認むべきや否や、ここに一つの国家法上の問題が起こりうるわけだ……。

――無論国家はそんな訴を認めることはあるまい。

――そりや無論ない。裁判所は必ずや「公ノ秩序又ハ善良ノ風俗ニ反スル事項ヲ目的トスル法律行為ハ無効トス」という民法第九〇条の規定を援用して原告の請求を却下するに違いない。しかしその意味はかかる汚らわしい請求は国家として何ら援助を与うべき限りでない。即ち国家的援助を与うるに値しないという価値判断がくだされたというだけのことで、博徒社会の法律においてもかかる義務は初めから存在しないというような事実認定が与えられたわけではない……。

――そりゃそうだろう。いかに国家といえども社会的に存在するものを存在しないとは言いえない。この際国家としてなしうるのは、たとえ社会的には存在しようとも、国家としては援助を与える価値がないという価値判断をくだすことだけにすぎないから……。

――そうだ。だから博打に敗けたヤツが支払をしないために鉄拳制裁を喰った場合を考えてみても、その鉄拳制裁が博徒仲間の法律上適法であるということは、国家の法律からみても同じく適法であるかどうかについて何らの決定を与えるものではない。博徒仲間の法律ではどうあろうとも国家は自らの立場から自由に決定をなしうるわけだ。

――つまり鉄拳制裁という同一の行為が二つの違った社会の法律によって異別・独自の法律判断を受けるわけだね。

――そうだ。つまり或る社会の法律は、一面その社会の法律としてその社会独自の法律的判断の規準になると同時に、他面他の社会例えば国家の法律的判断の対象にもなりうる。そうしてこの後の場合に国家はかくのごとき社会の法律を無視して国家自らの立場から自由に国家的判断を与えることもあり、また場合によるとその社会の法律を尊重してその法律の是とし否とするところを国家もまた是とし否とするというような態度をとることもありうる……。

――なるほど、理窟は確かにそうらしい。ついては少し実際の例を挙げてそこの理合を詳しく説明してくれないか。

二

――よろしい。これは実際上よく起こる問題だが、例えば或る村に一定の行為をなしたものは「村八分」に処するという規則があったとするぜ。そこで甲なる男がその規則に違反したため「村八分」として村民全体から共同絶交を喰ったところ、甲が言うには、かくのごときは吾輩の名誉を毀損するもの、実にけしからんというわけで、国家に誹毀罪の告訴を提起したとするぜ……。

――なるほど。

――この場合、ことがらを簡単に考えると、国家としては村の人々がみだりにかくのごとき私的制裁を加えることは法律上是認しがたいから、被告はすべて誹毀罪として処罰せらるべきものだという判断をくだすべきもののように思われる。けれども、もしも国家がそうした裁判をすると、喜ぶ者は村の法律からみれば確かに犯罪者であるところの規則違反者一人だ。そうして村内の秩序はその一人の異端者のためにわけもなく蹂躙される結果になる……。

――なるほど、すると国家が国家の立場から独自の法律的判断をくだすにしても実際上よほど考えねばならないというわけだね。

――そうだ。国家としては或いは国家法の立場から断然共同絶交を喰わせたヤツらを罰するほうがいいと思われる場合もあるだろう。しかしまた全然罰を加えないほうが村のためにいいと考えねばならぬ場合もあるだろう。だから現に大審院などではいろいろこの種の問題の処理に苦しんだあげく、今では「絶交ハ実際上種々ナル事情ノ下ニ行ハレ、其原因モ亦区々ニシテ一定セズシテ背徳ノ行為又ハ破廉耻ノ行為ニ対スル社交上道徳上ノ制裁トシテ一般ニ認メラレタル所ナレバ、多衆共同ノ絶交ガ正当ナル道義上ノ観念ニ出デ、被絶交者ガ其非行ニ因リ自ラ招キタルモノナルトキハ之ニ対シテ救済ヲ与フルノ必要ナク、絶交者ガ之ニ依リ被絶交者ヲシテ義務ナキコトヲ行ハシメ又ハ行フベキ権利ヲ妨害シタル場合又ハ其絶交ガ正当ノ理由ナキトキハ、茲ニ初メテ違法性ヲ有スルコトトナル」というような理由で、或る程度の私的制裁は差支えないという判例を保持しているわけだ。

——なるほど。村の私的制裁を定めた法律およびその実施を国家の立場から或る標準のもとに是認したというわけだね。

——そうだ。

——ところで、そういうふうに国家の裁判所が他の社会の法律に批判を加えるにあたっては、いつでもそういう漠然たる標準でかってな判断をくだすことになるのかね。

——そうだ。国家としては国家の立場から自由に判断しうるのが原則だ。無論実質的にはかくのごとくにして与えられる国家的判断が当該社会にどういう影響を与えるかが大いに問題にされるのだが、理論としては国家は国家の立場から自由に判断しうるわけだ。

——しかしその判断を与える標準を国家的立場からあらかじめ決めておくことは必ずしも不可能ではあるまい。

——無論だ。単に不可能でないのみならず、大いに必要だ。なぜかと言うと、他の社会の法律の中でも特に国家の裁判所の問題になる機会の多いものについては、国家としてもあらかじめそれをどう取り扱うかについて規則を決めておく必要があるからだ。

——なるほど。すると現在日本でも国家としてそういう規則を決めているわけかね？

——そうだ。慣習法および外国の法律をどう取り扱うかについてははっきり規則をおいている……。

——どんな規則を？

——慣習法については一般原則として法例第二条に「公ノ秩序又ハ善良ノ風俗ニ反セザル慣習ハ法令ノ規定ニ依リテ認メタルモノ及ビ法令ニ規定ナキ事項ニ関スルモノニ限リ法律ト同一ノ効力ヲ有ス」という規則を設けており、また商事については商法第一条に「商事ニ関シ本法ニ規定ナキモノニ付テハ商慣習法ヲ適用シ商慣習法ナキトキハ民法ヲ適用ス」というような特別の規定を置いている……。

——すると、商慣習法は国家の法律たる民法より優待されているわけだね。

——そうだ。商事に関しては、商法に特別の規定がないかぎり、国家法たる民法を適用するよりはむしろ商事取引の実際が生み出した商慣習法を適用するほうが適当であると考えたわけだ。そうしてこうした例は民法の中にもたくさんある……。

——というと？

——例えば「共有ノ性質ヲ有スル入会権ニ付テハ各地方ノ慣習ニ従フ外本節ノ規定ヲ適用ス」とある第二六三条、「前三条ノ規定ニ異ナリタル慣習アルトキハ其慣習ニ従フ」といっている第二二八条等のごときすべてその例だ。要するに、国家の裁判所といえども必ずしも常に国家の法律だけを適用せねばならぬという理窟はない。国家はその独自の立場から、或る場合にはあくまでも国家法をもって社会に臨み、或る場合にはまた社会法たる慣習法に優先的地位を譲るのであって、そのうちいずれの態度をとるかは畢竟するところ国家の政策問題だ。

——すると、それはちょうど或る国が他国の領土を征服した場合に、以後は断然万事を自国の法律をもって規律することにするか、または或ることがらについては引続き被征服国従来の法律の適用を認めることにするかを決めるのと同じ問題だね。

——そうだ。理論的に言えば国家はすべて国家の規準をもって社会に臨みうるわけだけれども、実際的には社会的規準たる社会法をそのまま認めねばならない場合が少なくない。そうしてそうした事例は、ひとり征服国家の場合についてのみならず、すべての国家について起こりうる。無論その程度にはいろいろありうるけれども……。

——なるほど。そこの理窟はほぼ諒解した。しかし法律学的に考えると、国家があらかじめ一定の規準を決めてかくかくの場合には国家法を適用せずに社会法たる慣習法などを適用すると定めているような場合には、それらの社会法それ自体が国家の承認によって国家法になるのだと考うべきではあるまいか？

——というと、慣習法それ自体は本来社会法だけれども、例えば法例第二条が一定の規準のもとにその効力を認めることになると、その範囲内において本来社会法たる慣習法が国家の法律になると考えようというのかね？

——そうだ。

——そりゃいかん。従来普通の学者は多くそういう説明を与えているけれども、それは畢竟彼らが国家の裁判所の適用する法律は国家の法律に限るという独断をきめてかかっている関係上、慣習法といえども国家が認めてそれを適用するかぎり国家の法律でなければならないという結論を認めざるをえない立場にあるだけのことで、事物をすなおに観察してみるとよほど変な考え方だと言わざるをえない……。

——というと？

——本質上、社会の法律たるものは国家が認めようが認めまいがそれ自体社会の法律たることに変わりのあるべきはずがない。そのことは法例第三条以下の規定に基づいて日本の裁判所が外国の法律を適用する場合を考えてみるとよく解る。法例は或る種の渉外事件を裁判するについては外国の法律を適用せよと言っている。その結果裁判所は外国の法律を適用してその事件を裁判する。しかし外国法は終始外国法であって日本の法律にならない……。

——そりゃそうだね。

——それならば、国家が一定の規準のもとに社会の法律たる慣習法の適用を認めても、そのゆえをもってただちに社会の法律が変じて国家の法律になると考えるのはおかしいじゃないか。

——なるほど。すると、社会の法律と国家の法律とは全然別なもので、場合によると国家はその裁判所に社会法の適用を命ずることがあるけれども、そのために社会法変じて国家法になると考うべきではないと言うのだね。

——そうだ。

三

——社会の法律が国家の法律と独立して別に存在するという君の考えはほぼ諒解した。しかし、その事実は国内の小社会の法律、外国の法律もしくは国際社会の法律のごとく国家と地的範囲を異にする社会の法律については容易にこれを認めうる。博徒社会の法律と国家の法律の別物たること、国際法と国家の法律の別物たることもまた比較的容易に理解しうる。しかし国家と地的範囲を同じうする社会、例えばこのわれわれ日本国の社会に日本国家の法律と別物である社会の法律が存在するという事実はちょっと認めがたい……。

――確かに認めがたい。常識的に考えただけでは、無論非常にむずかしい。なぜかというと、社会の法律と国家の法律とは多くの場合同じ内容をもっている、社会においてかくあるべきことは国家においてもまたかくあるべきことになっている、つまり二者は全然別物であるにもかかわらず内容が同じであるためにとかく同一物とみられやすいわけだ……。

――なるほど。しかし必ずしも常に内容が同じではあるまい？

――無論だ。そうしてその内容の違う場合を実例について考えてゆくと二者の区別が明瞭になってくる。例えば、結婚という同じことがらについても国家の法律と社会の法律とがある。そのうち国家の法律は主として民法第七六五条以下の規定するところで、国家は一面婚姻成立の要件を定めてその要件をみたした婚姻でなければ国家としてそれに婚姻たる法律的取扱いを与えないという態度をとると同時に、他面その要件をみたした婚姻に与えらるべき法律的取扱いの内容を規定して夫婦間に起こるべき各種の問題を解決すべき国家的規準を定め示している。ところがその同じ婚姻に関してわれわれの社会は立派に別の社会法をもっている。例えば、民法は法律上の婚姻は婚姻届を出すによって成立すると規定しているけれども、われわれ社会の法律は必ずしもそういうことを要求していない……。

――三々九度の盃でもして社会上婚姻と認むべき事実関係が成立すれば、それをもって足りるというわけだね。

――そうだ。その結果社会法によると婚姻たるものが国家法上婚姻として取り扱われず、また反対にたとえ社会法上は婚姻たる事実が全然存在しなくとも届出さえあれば国家法上婚姻として取り扱われるという一種妙な現象が生まれてくる……。

――なるほど。が、いったい国家はなにゆえにそういう妙なことをするのかね？

――国家としては夫婦関係は是非ともこうありたいとか、かくかくの婚姻は成立せしめてはならないとか、婚姻に関していろいろの理想をもっている、そうしてそれを社会に押しつけてゆきたい。そこで一面においては届出という一の関所を作って当該の婚姻が法定要件をみたしているかどうかを確かめることとし、そうしてその関所を通らない婚姻には全然国家法上の保護を拒絶することによって、法定要件が社会上なるべく遵守されるように努力し、他面においては例えば重婚罪に関する刑罰規定を置いて、二重婚姻のごときはひとり国家法上無効たるのみならず一歩進んでこれを刑罰に処するというような態度をとっているわけだ。

――するとつまり婚姻に関する国家の理想を実現する手段としていろいろの規定を置いているわけだね。

――そうだ。ところが実際上その理想は必ずしも容易に実現されない。世の中にはその理想に合わない婚姻が今なおたくさん発生する。例えば、民法は男は満一七年女は満一五年でなければ結婚できないと規定しているけれども、今日なお早婚の風習の行われている地方では法定年齢以下の男女がドンドン結婚している。なるほど国家はかかる婚姻の届出を受理しない。したがってまた、かかる婚姻には全然国家法上の保護を与えない。しかしかかる婚姻といえども社会法上はなお立派な婚姻と言わざるをえない。例えば、かくのごとき婚姻関係にある妻が他の男と姦通すれば社会法は姦通罪としてこれに制裁を加える。けれども、国家はかくの如き届出のない違法の婚姻に対して何らの保護をも与えないのであって、かくのごとき姦通は社会法上いかに非難せらるべきものであろうとも、国家としては全然これを不問に附する……。

――なるほど。国家としては自分の所へ届けられていない以上、結婚たる取扱いを与えるわけにゆかない。したがって姦通罪もまた成り立ちえないというわけだね。

――そうだ。それに具体的の或る男女の関係が夫婦であるかどうかを見分けることは場合によってなかなか困難である。したがって国家が或る行為を姦通罪として罰すべきや否やを決するについては、特に届出の手続がとられているとかなんとか、何らか明確な形式的の標準をつかまえさるをえないという証拠法的の理由も附け加わっているけれども……。

四

――なるほど。だんだん聞いてみると話はだいぶん解ってきた。しかし、考え方によっては君のいわゆる社会の法律例えば婚姻に関する社会法は――実を言うと――法律ではなくして道徳、つまり婚姻道徳とでもいうべきもののように思われる……。

――そんなことはない。なるほど婚姻についても道徳規範は存在する。しかし道徳は畢竟人の良心に訴える規範であって、外部からの強要を予定する規範ではない。姦通してはならないということは一面道徳規範でもあるが同時にまた社会の規範でもある。姦通なる行為が道徳上非難せらるるのみならず、世論その他の形式をとって現われる社会的統制力によって否定せられ、その力によって外部から制裁せらるることは明らかにその証拠だ。世の中の人はとにかく漠然と婚姻道徳とか政治道徳とか、いやしくも国家の法律でないところの一切の規範に向かって道徳なる名称を附けたがる。そうして厳密なる意味における道徳のほか社会の法律の存在することを意識しない。

――つまり道徳的規範の意味をハッキリせずに、道徳という言葉を広く濫用しすぎるのだね。

——そうだ。ところが一面無理もないと思うのは、国家と地的範囲を同じうする社会の場合には、その地域に行われる国家的統制力があまりにハッキリと力強く行われすぎているために、その同じ地域内に社会そのものに固有する別の統制力の行われていることがハッキリ意識にのぼってこない。その結果国家的統制力によって支持される国家法のほかに社会的統制力によって支持される社会法の存在するゆえんを忘れがちになる。そうしてその社会法に相当する規範までをもすべて道徳と名づけてしまうわけだ。

——なるほど。そこへゆくと国家内の小社会とか国家以上の国際社会になると、それぞれその社会に固有する社会的統制力の存在することが比較的容易に認識せられうる。したがってそれらの社会にそれぞれ特殊の社会法の行われていることが比較的容易に認識せられうるわけだね。

——そうだ。しかしそういう社会にその社会特有の統制力が行われることを認める以上、国家と地的範囲を同じくする社会にも国家的統制力と離れてその社会特有の社会的統制力が行われていることを認めざるをえない、そういう社会は一面外部から国家的の統制を受けながら実は自ら固有の統制力によって規律だてられている、その統制力は形式的にこそあまりハッキリした形をとっていないけれども、実質的にはわれわれ社会の秩序を立てるものとして大きく働いている。例えば、われわれが借りた金は返さねばならぬ、物を買ったら代金を払わねばならぬというのも、国家法たる民法第何条が云々の規定を設けているからというよりは、むしろかかる内容をもった社会的法律が存在するものと考うべきだ……。

——ところが現在の日本のように国家的統制力が十分に働いていると、その裏で実は社会的統制力が大きな働きをしているという事実が忘れられがちになる……。

——だから、僕が今説明したようなこともなかなか一般人の耳に入りにくい。しかし、そういう人たちでも例えば支那のことを考えてみればただちに悟るところがあると思う。現在支那にも国家的法律は行われている。国家的統制力も働いている。けれども現在支那社会の秩序を保持しているものは決して国家的法律のみではない。否その点において一層重要な働きをしているものはその社会それ自体に固有する社会的統制力とそれによって支持されている社会的法律だ。例えば南京政府の民法典は云々の規定を置いている、したがって南京政府の裁判所はその規定によって裁判をするだろう。しかし世の中の取引はそれらの事実におかまいなく社会そのものの法律に従って行われている……。

——無論、そういう場合には国家的統制力の働きがにぶく、そのかわりに社会的統制力の働きがハッキリ現われているわけだね。

——そうだ。だから人々も容易に社会的法律の独自的存在を認識しうるわけだ。しかし、畢竟はすべて程度の問題にすぎない。例えば支那のように国家的統制の十分に行われていない国、また例えば新しい征服領土の場合のごとく国家的統制はいかに強くともそれと社会とがまだ十分になじんでいない場合には、社会的法律の独自的存在を認識することが比較的容易であり、これに反して現在わが国のごとく国家的統制力が十分に働いているところでは国家的法律のみがともかく目について社会的法律の存在が忘れられがちになる。しかし要するに程度の問題であって、後の場合といえどもなお社会的法律の存在すること、およびその社会的価値を全然否定するわけにはゆかない。

五

——しかし、理想から言うとなるべく社会のすべてを国家のもとに統制して秩序を正し、国家的法律のほかに社会的法律のごときものの存在する余地を全然なからしめることがわれわれ窮極の理想ではあるまいか？

——そうかもしれない。もしも真に社会即国家と考えられるような理想的の国家なるものがありうるならば……。

——というと？

——つまり、もしもそういう理想的国家が生まれるならば国家的統制力のほかに社会的統制力の存在する価値が零になる。けれども、歴史がわれわれに教えた国家の中には一つとしてそうした理想的のものは存在しない。してみると社会的統制力によってその足らざるところを補うことが社会のためどうしても必要になる。だから理想的国家を夢想してただちにもっぱら国家的統制力のみの行われる社会を空想し、それを理想としてただちにそこに赴かんとするがごときは机上の空論にすぎない。もしも現実論としてそういう議論をする者があれば、それは畢竟宗旨狂的な国家主義者の利用するところとなるにすぎない。要するに、僕の考えではそういう理想的国家が生まれたあかつきには自然と国家即社会、国家的法律即社会的法律の理想が実現されるのであって、その時までの間二者の間には程度の差異こそあれ常に多少の間隔がある、そうして現在わが国のごときにおいてすらその間隔は相当大きいと考えざるをえないわけだ。

——そこで現実の問題としてやはり二者の間に区別があり間隔があるという前提から出発して万事を考えねばならぬというわけだね？

——そうだ。国家が一定の理想のもとに社会に働きかけてゆくことは無論差支えない。イヤ正しい理想のもとに行われるかぎりむしろ大いに望ましい。社会は社会、国家は国家だなんて風馬牛の態度をとるがごときはもとより望ましいことではない。けれども、初めから全然社会とその法律との独自的存在を否認し、すべての社会関係を国家的統制のものにおいてしまおうとするがごときは大いに誤っている。国家は決して全知・全能ではない。或る種のことがらはむしろその統制を社会にまかせておく方がいい場合がある。また或る場合には同じことがらに関する国家法と社会法との間に乖離があり、そして社会法の要求するところのほうがむしろ妥当だと思われることもありうる。しかるに、社会とその法律との独自的存在を否認する立場から出発する人々は、到底かくのごとき場合に国家のほうから譲ってかかるというような態度をとることができない。その結果ガムシャラに万事を国家的統制のもとに置こうとするために、一面では社会を害し他面ではまた国家そのものを傷つけることになる……。

——実際上、国家にできないことまでをも国家がやろうとするとかえって国家の権威を損ずるというわけだね？

——そうだ。ところが現在わが国にはその点を十分理解していない人が多いために、ややともすればそうした弊害を生じやすい。例えば立法論としても社会の実情を考えずにみだりに国家的立場だけから法律を作ろうとする……。

——しかし社会の実情を考慮しすぎると保守的になってしかたがない。理想などは到底行われない。

——無論そういう方面はある。或る場合には断然国家的理想を樹立して社会に臨まねばならぬ場合もある。けれども、社会は決して常に保守的ではない。社会は常にそれ自体のうちに自らを進化せしむべき働きを包蔵している。その結果、国家の法律は依然として旧社会を前提としたきわめて古い内容をもっているにかかわらず、社会はすでに自らの力によって自らを更新し、そうして自ら新しい法律を生み出している場合が非常に多い……。

——というと、例えば?

——現在の小作法などその最も良い適例だ。現在民法が決めているような小作法はなるほど国家の裁判所においては通用するだろう。けれども農村の実際は決してかくのごとき法律によって規律だてられているのではない。農村には実際の小作慣行から生まれた社会的小作法がある。そうしてその規律のもとにともかくも一定の秩序が保たれているのだ。例えば、現行民法によると、小作人が小作料の納付を一日でも怠ると、地主はただちに相当の期間を定めて催告した上土地の返還明渡を請求することができる。しかし農村の社会的小作法はそんな乱暴なことを許しはしない。だから、現行民法を改正して新たに小作法を制定するについても、われわれは必ずしもわれわれの理想を強調してそれを立法の上に実現せしめるように努力する必要はない。現に社会的法律として行われている慣行的小作法と同一の程度まで民法を改正しただけでも、かなりいい小作法を作ることができる。

——なるほど。そういう場合を考えてみると、社会の実情を考え社会的法律の要求するところに譲歩することと必ずしも保守的の結果に到達するとは限らない。

——そうだ。だから立法者は一面自己の理性に訴えて理想を高唱する必要あると同時に、他面或ることがらはむしろこれを社会的統制にゆだねるだけの雅量をもつ必要があり、また或る点については社会の要求、社会的法律の規定するところにかんがみて国家自らの法律を改正するだけの寛容をもたねばならない。

——大いに同感だ。するとその同じことは司法についても言えるわけだね？

——大いに言える。裁判官は決して国家的法律を墨守するによってのみ立派な裁判をなしうるものではない。例えば先に話した村八分に関する裁判のごときまさにその例だ。この場合のごときもしも裁判官が国家的法律のことだけを考えて村内の秩序維持を或る程度まで村の社会的法律と統制力とに一任する雅量をもたないならば、村八分を加えた人たちはすべて誹毀罪として罰を喰う。そうして村内の秩序は一人の異端者のためにムザムザ蹂躙されるような結果を見るに至る。そこを考えて村の法律とその執行とに敬意を表したところにあの判決の賢明さがあるわけだ。

——なるほど。

——そうして、それと同じことは民事の裁判についても考えうる。例えば、凶作減免は現在の小作慣行上ほとんど全国至るところに認められている慣行だ。ところが民法によると小作料減免については単に「収益ヲ目的トスル土地ノ賃借人ガ不可抗力ニ因リ借賃ヨリ少キ収益ヲ得タルトキハ其収益ノ額ニ至ルマデ借賃ノ減額ヲ請求スルコトヲ得」という規定があるにすぎない……。

――すると、実収額が約定小作料以下のときは実収のすべてを出してしまえばあとは負けてやるというのだね？

――そうだ。つまり通常二石とれる土地について一石の小作料が約定されている場合に、凶作のため実収が八斗しかないならば、小作人はその八斗全部を納めろ、そうすれば残りの二斗だけは負けてやるというわけだ。

――すると、小作人はあとどうして生きてゆけというのかね？

――民法はそんなことを心配していやしない……。ところが小作慣行によると、同じような場合には実収が予定の半分もないのだから、小作料は六分減とか八分減とか、或いはまた全免とか随分負けてもらえることになっている。そこで、小作人がこの慣行を援用して裁判上小作料の減免を主張したと仮定してみたまえ。裁判官の立場は相当苦しいことになるから……。

――つまり、民法によれば実収全部を納めて残りの二斗だけ負けてもらえるにすぎない、小作慣行によると単に二、三斗納めさえすればいいとか、ないしはまた全部負けてもらえる場合もある、裁判官としてははたしてそのいずれをとるかという困難な問題に逢着するわけだね？

——そうだ。

——しかし、国家の裁判官たる以上、結局国家法の命ずるところに従うのほかあるまい。

——簡単に考えればまあそうだ。しかし裁判官としても小作慣行の実際を考えてみると、実際上なかなかそう簡単には裁判できない。おそらく心ある裁判官は民法第九二条の「法令中ノ公ノ秩序ニ関セザル規定ニ異ナリタル慣習アル場合ニ於テ法律行為ノ当事者ガ之ニ依ル意思ヲ有セルモノト認ムベキトキハ其慣習ニ従フ」なる規定を援用して、かかる場合には当事者双方とも暗黙に凶作減免の慣習を認めこれを前提として小作契約を締結したものと解釈すべきだから、小作人は法律上なお慣習による小作料の減免を請求しうべきだ、というような裁判をするに違いないと思う。

——なるほど、そうすれば一面国家の法律に根拠を置きつつ同時に社会法の要求を容れることができることになる……。

——そうだ。

——なるほど。いろいろ聞いてみると、国家法のほかに社会法が独自の存在をもっているという君の考えにはなかなかもっとも至極なところがある。そうした考えを基礎にして法律を考えると、よほど特色のある法律論が生まれるみこみがある。

——そうだ。これからそうした考えをもとにしてだんだんに話を進めてゆくからどうかそのつもりで聞いていてもらいたい。

第四話　法律の解釈・適用

一

——次には「法律の解釈・適用」ということについて少し話を聞きたい……。

——よかろう。それではまず第一に、従来一般の学者はこのことをどういうふうに考え、どういうふうに説明していたかをお話ししよう。

——どうかそう願いたい。

——法律の適用ということは、言うまでもなく具体的の事実に向かってあらかじめ法律の中に定まっている規範をあてはめることだ。したがって法律の適用は常に「事実」——「法律」——「結論」なる三段論法の形をとって現われる。例えば「甲は人を殺したり」「人を殺したる者は死刑に処す」「故に甲は死刑に処す」というような推論式の形をとるのだ。ところで従来一般学者の考えによると法律の適用者はまず第一に「事実」を確定せねばならぬ。そしてその事実確定はその事実に適用せらるべき法律内容の如何、また結局くださるべき結論の如何に関係なく全くそれらと引き離して純粋になすことができる……。

——なるほど。

——そうしてかくのごとくにしてまず事実を確定した上、これに適用せらるべき法律の規範内容を討究・明確ならしめるのが「法律の解釈」だ。そうしてその結果、解釈確定された法律をその前に確定しておいた事実にあてはめて結論を得るのが法律適用の仕事だというわけだ。

――すると、要するに法律適用の仕事は事実認定・法律解釈および法律適用なる画然と分離せらるべき三段の働きに分かたれるものと考えているわけだね。

――そうだ。ところで君はこういう考え方を正しいと思うかね。

――さあ……どことといって欠点がない、まずきわめて科学的な正しい考え方だと思うがね。

――そうかしらん。従来一般の学者は君と同じようにこの考え方を正しいと考えている。しかし法律適用の実際を具体的の事例についてこまかく考えてみると大いに疑いが出てくる。僕にはどうしてもこういう考え方は、ことがらのツジツマを合わせるために事実を曲げ、そうして推論の形式だけをととのえて自己満足を得ているにすぎないきわめて非科学的な考え方であるような気がしてならないのだ。

――そうかね。一つその理由を詳しく説明してくれたまえ。

二

——よろしい。まず第一に僕が疑うのは、適用せらるべき法律内容の確定およびその法律の適用ということと全然離れて法律適用の対象たるべき事実だけを純粋に認識・確定することがはたして可能であるかということだ。

——しかし、甲が人を殺したかどうかというような事実は全くそれだけを引き離して認識・確定することができるじゃないか。

——そりゃ無論できる。しかし法律適用の対象たるべき事実は決して甲が人を殺したかどうかというような単純な自然的事実ではない。多数の自然的事実の中から選択し組み合せによって初めて法律適用の対象たるべき法律的事実が決まるのだ。例えば、甲を殺人事件の被疑者として裁判するについて確定を要すべき事実は、甲が人を殺したかどうか、故意に殺したかどうか、また甲は当時心神喪失の状態におちいっておりはしなかったかなど、きわめて多種複雑な事実だ。そうしてそれらの事実はさらに幾多の自然的事実から推定されねばならない。例えば甲が殺人の当時心神喪失におちいっていたかどうかというような問題は或いは証人を訊問したり或いは医者の鑑定を聴いたり、いろいろの事実を取捨・選択した上、それから推測してこれを決定するのほかない……。

——しかしことがらがいかに複雑・困難であっても、それだけを引き離して研究・確定することは必ずしも不可能ではあるまい？

——ちょっと考えるとそうらしく思える。けれども事実は全く反対だ。例えば、心神喪失の問題を決定するためにいろいろの事実を調べた上、その取捨・選択を行うにしても、その取捨・選択は必ず何らかの標準によってなされねばならない。しかもその標準は裁判官が当該の事件をどう裁くべきであるかと考える、その考え方ときわめて密接な関係をもって決定されるものだと思う。

——すると、裁判官が甲を殺人罪として罰すべきであると考えれば、心神喪失の問題を決するについても、自らそれを否定するの態度をとり、彼は殺人の当時正気であったというような事実認定をするというようになるというのかね？

——そうだ。

——しかし、そうすると、裁判官はまず結論を決めた上、後からそれに合うように事実を構成する。いわば事件を予断することを是認する結果になりはしないかね。

——見方によっては確かにそうなる。しかし僕の考えでは、決してまず結論を決めた上それに合うように後から事実を構成するのではなくして、結論を決めることと事実を構成することが一切一時に行われる。つまり同一の或る標準が結論を決める要素ともなり事実認定を指導する要素にもなる、と考えるのが最も精確な見方だと思う。

——なるほど。そういうことは事実あるだろう。しかしそれは単に事実であっていわば人間の弱点、科学的方法の理想としてはむしろ決してそうあってはならないと考え、そういうことをしてはいけない。あくまでも事実だけを純粋に認定するように努力するたてまえをとるべきではあるまいか？

——自然科学の方法としては確かにそうだ。自然科学者が自分の結論につごうのいいような事実だけを収集し、それを基礎として自分の結論を主張することはもちろん許しがたい。無論事実上は自然科学者といえどもややともすればそういう不純なことをやりたがる傾向がありうるけれども、学問のたてまえから言うと、もちろん否定されねばならない態度だ……。

——法律学についても何ら変わりはあるまい？

——そんなことはない。自然科学と法律学とは元来全く違った学問だ。無論法律学においても、例えば多数の判決例を収集・研究して最近判例の傾向はこうだというようなことを結論・主張しようとする場合には、自然科学者と同一の態度をとらねばならない。その場合にまず初めに結論を決めた上、それに合うような判例だけを引いてくるようなやりかたは、無論是認しがたい……。

——しかし事実はとかくそうなりやすいのだろう？

——そうだ。しかし学問的のたてまえから言うと法律学においてもそれはあくまでも排斥せらるべき態度だ。けれども、裁判官が或る事件をいかに裁断すべきかという立場に置かれてその事件に臨んでいる場合は全く違ったものだ。その時の心の働き方をわれわれ法律学者が学問的に観察して、結論を決める前には必ず事実を純粋に認定せねばならない、結論のために多少とも事実認定を誤るのは許しがたい、という批評をくだすことは絶対的にいけないと僕は言うのだ。

——しかし結論のために事実を曲げるのは、この場合といえども許しがたいだろう。

——無論事実を曲げてはいけない。しかし、多数の自然的事実の中から法律判断の前提たるべき「事実」を選択・構成することは、単に或るものが赤いか白いかを判定するがごとき単純な事実認定とは全然違ったものだ。そしてその選択・構成の標準は法律的判断を決定する標準と同一物たるをまぬかれないのであって、法律学においてはその同一物であることを理論的にも是認すべきであると思う。然らずして事実の選択・構成だけを純粋にやれというがごときは、全然選択の標準を示さずして選択をなすべきことを命ずるのと同じであって、そもそも不可能なことを命ずるものと言わねばならない……。

――なるほど、その点は大いにもっともだ。美術品その他芸術的作品の鑑賞をなすにあたっても、甲は美なりと言い乙は醜なりと言うがごとく同一作品に対する批評が区々になることが非常に多い。その原因を考えてみると、一つには甲乙等各批評家のいだいている鑑賞の標準、美の法則が同一でないことに原因するけれども、他の一面においてたまたまその鑑賞法則の違うことと密接な関係をもって彼らが同一作品の中から選択してくる点がいろいろに違うという事実に気がつく。即ち或る人は絵画のうちもっぱらその色彩のみを見て美なりと言い、他の者はまたもっぱら線や筆触のみを見て醜なりと言う。つまり同じ絵の中から互いに違う部分を選び出してそれに批評を加える。そうして個々の鑑賞家が同一の絵に向かっていろいろの価値判断をくだすわけだ……。

――全くそのとおりだ。そうして僕は法律的判断においてもそれと全く同じことが行われるのだと思う。どうだい、君は鑑賞家たちが各自の鑑賞標準に応じて作品中の或る箇所だけを選び出した上それに批判を加える態度を非難する勇気があるかい。

――そりゃ、無論ないね。

――それならば、裁判官が具体的の事件に向かって裁断を与える場合の態度も、それと全く同じもの、もしくは少なくとも非常に似たものとして僕の説明を是認するわけにゆかないかい？

――そう単刀直入にこられては返答に困るが、まず一応は賛成できるように思う。しかしその前にもう少し他の例を引いてこの点を説明してほしい。

三

――よかろう。例えば現行の陪審法によると、犯罪事実の認定は陪審員をしてなさしめ、法律の解釈と適用だけは裁判官をしてなさしめることになっている。ところで、君も知っているとおり陪審員になるのはズブのしろうとであって法律家ではない、いわんや犯人を取り調べたり犯罪を捜査した経験などは全然もっていないのがまず普通の例だ。したがってもしも単に犯罪事実の有無を審理・認定するだけの仕事をなさしめるものとすれば、陪審員は一般にすこぶる不適任だと言える。そういう仕事はむしろ慣れた裁判官にやらせるほうがいいわけで、それをわざわざ金をかけて陪審員にやらせるがごときは愚の骨頂、陪審法は実に愚な法律だと言わねばならない……。

――無論だね。

――だからわざわざ陪審制度を採用して事実認定をしろうとにやらせる以上そこに何らか特別の理由がなければならない。ところで僕はその理由をいわゆる事実認定なるものが決して客観的事実の単純な認識ではないという先ほどから話した理論によって説明できると思うのだ。

——というと？

——つまり事実認定は事実の選択・構成である、そしてその選択・構成は最後の法律判断を決定するのと同じ標準で決定される。例えば或る行為が犯罪事実を構成するや否やの事実認定はその行為を法律上罰せらるべきものとして考うるや否やの法律判断が決定されるのと全く同じ標準によって行われる。したがって、同じ事件でも職業的法律家として固まりきっている裁判官が見るのと常識ある通常のしろうとが見るのとではよほど結果が違いうる。裁判官は当該の行為を非常に憎むべきもの厳罰すべきものと考えても、しろうとである陪審員は或いはむしろ憐れむべきもの罰すべからざるものと考えるかもしれない、そうしてそのどう考えるかがまさに犯罪事実の認定に向かって必然の影響を与えるわけだ。そこで陪審制度が事実の認定を陪審員にまかせているのは畢竟彼ら陪審員の人間としての判断に訴えて事を裁断したい、彼らの事実認定の上に彼らの法律的判断を間接に現わすことによって裁判を実質上人間的にしたい民衆的にしたいという精神にほかならないものと僕は考えている。

——なるほど、そう考えてみると事実認定だけを陪審員にやらせることにも相当の理論的根拠があると言いうる……。

——そうだ。そうしてこう考えてみると事実認定ということが決して自然的事実の純粋認識ではなくして、事実の選択・構成にほかならない、のみならずその選択・構成の標準となるものはまさに当該事件に対する裁判官の法律的判断を決定するものと同一であるという僕の説を是認できるだろう。

——ウム確かにそんな気がする。が、もう少し他の例を引いてことがらを別の方面から説明してくれないか。

——よかろう。それではかつて学者の間で議論のタネになった有名な事件を例にとろう。事件のあらましはこうだ。或る男が妻子を故郷に残してアメリカに出稼ぎした。ところが思うように金が入らないので留守宅に金を送ってこない。しかたがないから妻は或る婆さんから四、五十円の金を借りた。ところがいよいよ婆さんから返金を請求されてみると返せないものだから——たぶん弁護士でも知恵をつけたのだろう——女はついに民法第一四条をタテにとって「人の妻たるものは夫の許可を得ずして借財をなしえない。許可なしになされた借財は取り消しうる。ところで自分は夫の許可なくして金を借りたのだからあの契約は取り消す」と称して請求に応じない……。

——しかし、いかに取り消しても借りたものだけは返さねばなるまい？

——ところが民法によると無能力者たる妻の側では「現ニ利益ヲ受クル限度ニ於テ償還ノ

義務ヲ負フ」にすぎない。したがって妻が借りた金を消費してもはや現に何らの利益をも受けていない以上、一文も返す必要がないようになっている……。

――へえ……そんなつごうのいい法律があるのかね。

――あるとも。そこでもしも女の言い分を通せば婆さんの訴えはどうしても通らない。ところが君が考えてもこの場合なんとかして婆さんの言い分を通してやりたいような気がするだろう。

――大いにする。ところで裁判所はその事件をどう裁判したのかね?

――裁判所だって無論君と同様なんとかして婆さんを勝たせたいと思ったらしい。とうとう夫が妻子を故郷に残して出稼ぎしたるにもかかわらず生活に必要な費用を送らないような場合には借金をするなりその他なんとか途を立てて生計を続けるよう実は暗黙に借金の許可を与えたものにほかならないという理窟で婆さんを勝たせてしまったのさ。

――至極もっともな裁判じゃないか……。

――結果は確かにそうだ。しかしこの際特に君の注意を乞いたいのは、裁判所は暗黙に借金の許可があったと言っているけれども、それは畢竟本件においては原告たる婆さんを勝たせるのが至当だという考えに動かされて出てきた事実認定ではあるまいかということだ。

――なるほど。明瞭な許可は確かになかったけれども、暗黙の許可だけはともかくあったものとみるのは確かに一策に違いない……。

——そうだ。ちょっと無理なようだが確かに一理ある。ところがわれわれがこの事実認定に一理ありと考えるのも、結局この事件では婆さんを勝たせるのが至当だと考えることの結果ではあるまいか。つまりこの事件においても僕の考えが立派に証拠だてられていると僕は思うのさ。

——なるほどね。今の事件などは少しことが極端すぎてかえって多少の不安を残すけれども、君の言う理論だけはどうやら正しいような気がする。

——そうかね。それじゃもう一つ別の例を引いてみよう。だいぶん前の事件だが、麹町の或る静かな通りで自動車が犬を轢いた。犬の持主は大いに憤って自動車の持主に対して損害賠償の訴を起こしたけれども、民法によると不法行為を理由として損害賠償を請求するについては是非とも加害者に故意または過失のあったことを証明しなければならない。ところが事件の起こった際にはあいにく別に通行人もなし全く事件を見ていた人がいない。したがって被害者の側ではいかほど加害者の過失を証明したくとも全くその方法がない……。

——なるほど。その証明ができなければ当然敗訴になるわけだね？

——そうだ。ところが裁判所はなんとかして原告を勝たせてやりたいと考えたらしいのだね。とどのつまり「ああいう静かな広い通りで犬を轢くようなことは、もしも運転手に過失なしとせば起こりえざることがらだ、だから裁判所としては一応運転手に過失ありたるものと推定するから、原告において特に過失を立証する必要はない、被告がもし不服ならば被告の側から無過失の立証をしろ」という裁判をくだした……。

——そうなると、被告の側で無過失を証明することも——別に事件の目撃者などのない関係上——事実上不可能であり、結局被告が敗けるのほかないという結果になるね。

——そうだ。

——なるほどね。するとこの場合も裁判所が運転手に一応過失があったものと認めたこととこの場合はどうも被害者に救済を与えるのが至当だと裁判官が考えたこととの間に密接の関係があると君は言うのだね？

——そうだ。裁判官がなんとなく過失があるらしく思う気持は四囲の事情から生まれてくるわけだが、われわれからみてもこの場合裁判官がそうした気持をもったことになんとなく同感をもちうる、そうしてその同感をもちうるわけは批判者たるわれわれもやはりなんとなくこの事件においては運転手側に責任あるものと判断するのを妥当と考えるからだと僕は思う……。

——至極もっともだ。しかしただそうなると裁判官は一定の裁判をくだすことが妥当であると考えると是が非でもその裁判をくだすのにつごうがいいような事実認定をして差支えないという結論を認めるようなことになって、理論上多少の不安が残る……。

――そんな心配はいらない。裁判官の事実認定はもちろん裁判官の理想によって指導・決定されるけれども、一面には事実そのものに固有する客観性が裁判官の認定作用に限界を与える……。

――というと？

――裁判官は、多数の自然的事実の中から選択・綜合して法律的事実を構成するとしても、その自然的事実は客観的に決まっているのだから、裁判官といえどもそれを無視してかってな事実構成をなしうるものではない。例えば、或る汽車の衝突事件において当時ポイントの灯火が赤であったか青であったかが機関手の有罪・無罪を決すべき標準となるべき場合には、実際それが赤であったか青であったかの客観的事実がそれを決定するのであって、たとえ裁判官といえども事実赤であったものを青かったと認定することはできやしない……。

――つまり事実の客観性によって或る限界が与えられるというわけだね。

――そうだ。その上他の一面から言うと、裁判官の合理性が事実認定の限界を与える。裁判官も人間である以上一面われわれと同様に不合理的の方面をたくさんもっているに違いないけれども、同時に他面合理性を多分にもっている。したがって、裁判官がその合理性によってくだした事実認定はわれわれの合理性に照らしても同じく妥当であったように思われる。そこの理合を正しく理解しさえすれば、君のように裁判官がかってな事実認定をやるだろうという不安をいだく必要はないと思う。

——なるほど。人間を裁判官にして裁判をやらせる以上、裁判官の合理的である方面に信頼しないかぎり、すべてが不安になるのだね?

——そうだ。だから、そこを信頼して安心を得るよりしかたがないわけだ。

四

——事実認定の問題だけはおかげでだいぶん解った。そこで今度は適用せらるべき法律の問題、即ち法律の解釈・適用の話をしてもらいたい。

——よかろう。

——それではまず第一に聞くが、いったい法律というものはどんな事件が起ころうともそのすべてを完全に裁きうるように初めから完全無欠の形で存在しているのかね?

——もしも裁判なるものが必ず「事実」—「法律」—「結論」なる三段論法の形式をとらねばならないものだとすると、理論上当然に完全無欠な法律が初めから存在するものと仮説せざるをえない……。

——仮説というと、君は実際はそんな法律はない、ただ論理の必要上仮説するにすぎないと言うのかね？

——無論だとも。

——しかしそれでは「法律による裁判」なるものは論理上成り立ちえないことになるじゃないか？

——もしも「法律による裁判」なるものが必ず既存の法則としての法律に準拠して裁判せねばならぬという意味であるとすればどうしてもそういうことになる。しかし裁判官に或る範囲の法律創造作用が許されているものと考え、いよいよ適用せらるべき法律のない場合には、裁判官自ら法律を創造して裁判することにすれば「法律による裁判」なるものが常に成り立ちうることになる……。

——しかしそうなると、裁判官は法律を適用すべきもので法律を作るものではない、しかるに彼は法律を作りつつあるという非難を受けることになるだろう。

——そうだ。だから従来一般の学者は法律完全の仮説を置いてわれわれからみると実は裁判官が創造したに違いない法律までをも、初めから存在していたもの、そうして裁判官がそれを発見したにすぎないのだ、と説明する。例えば、この場合については法律はないけれども、条理上かくかくと裁判すべきだと率直に言えばすむところを、法律の中には「条理法」

と称する法律もあるので、裁判官が条理上云々という裁判をくだす場合は、実は条理法を適用したにすぎないのだというような説明を与える……。

——すると実質的には裁判官が法律を創造することを認めるのと全く同じじゃないか？

——そうだとも。ただ裁判官は必ず既存の法律によって裁判すべきだという独断をあくまでも動かすべからざるものと考えるや否やで考え方に根本的の違いが出てくる。そうして僕の考えでは従来一般の考え方はどうしてもとらわれすぎている、裁判官は法律を作るものではないという独断にとらわれすぎて率直な考え方を失っていると思う……。

——なるほど。

五

——そうしてそういう態度は、ひとり法律中に明文がないために条理によって裁判をする場合についてのみならず、法律の明文に根拠を置いて裁判その他法律上の議論をする場合にも常に現われている……。

——というと？

——まず第一に裁判官その他法律家はしばしば「法文中には云々と書いてあるけれども、

この言葉は云々の意味に解釈すべきだ」と言って同じ文字を或いは広く解釈したり、また或いは狭く解釈したりする。そうして同じ文字について或る学者は広く解釈すべきだと主張し、他の学者はむしろ狭く解釈すべきだと主張して、互いに争っているようなことすらしばしばある……。

——しかしそういう場合には、法律としては広いとか狭いとか初めから意味が決まっている、したがって相争う学者のうち一方は正しく法律を解し他方は誤解しているものとみさえすればいいのじゃないか？

——だから何ら解釈家の創造的作用は行われていないと言うのかい？

——そうだ。

——ところが裁判の実例を見たりその他学者の議論を聞いていると、事はどうもそう簡単に考えられない。例えば民法第二〇条には「無能力者ガ能力者タルコトヲ信ゼシムル為メ詐術ヲ用ヰタルトキハ其行為ヲ取消スコトヲ得ズ」という規定がある。ところがこの中の「詐術」なる言葉の意義について判例の上にも学者の間にもいろいろの意見が現われている。ところでこの言葉を広く寛やかに解釈すれば無能力者がちょっとしたことをしても「詐術」とみられて法律上の保護を拒絶されることになり、また反対にこの言葉を狭く解釈しすぎると無能力者がかなりヒドイことをやっても「詐術」にならない。その結果、無能力者を相手にした者がヒドイ目にあうことになる。そこで君は解釈家の間にそうした意見の差異が生まれてくる原因は、そもそもどこにあると思うかね？

――サア。その「詐術」という言葉をどうとるかで差異が出てくるのだろう……。

――どうとるといって、まさかその言葉の国語学的解釈如何によって決まるというのじゃあるまい？

――サアね……？

――そこだよ。ちょっと考えると「詐術」という言葉だけを引き離してその国語としての意義を明らかにさえすれば、この規定の解釈ができるように思われるけれども、本当のところは解釈家が無能力者保護の必要を大きく考えるか小さく考えるかで決まるのだ。つまり無能力者をあまり保護しすぎると相手になる一般人が迷惑するからなるべく保護を与えないようにすべきだと一般的に考えている学者は「詐術」という言葉の意義をできるだけ広く解釈して相手方の保護をはかろうとする。また裁判官としても眼の前に置かれた具体的事件において無能力者と相手方とそのいずれがより多く保護に値するかを考えて「詐術」の意義を決する。要するに「詐術」なる言葉の意義が先に定まるのではなくして、解釈家がこの規定の適用によって無能力者の相手方をどこまで保護すべきであるかを先に決めた上、その目的に合うように「詐術」の意義を決めるわけだ。

——そんなものかね。

——そうサ。だから「詐術」という言葉の解釈も立派な創造的作用と言える。つまり解釈家の頭の中にある主観的な或るものが法律を作りあげてくる作用だと言うことができる……。

——なるほど。

——ところでそうした例はまだいくらでもある。或るとき或る芸者——といってもその女はまだ未成年だが——その芸者が出入の商人から呉服物や装身具を買ったけれども代金を払わない。それがためとうとう訴を起こされた。ところが芸者の側では、自分は未成年者だから他人から物を買うには法定代理人たる父親の同意が要る。しかるに自分は事実その同意を得ていないから民法第四条によって売買を取り消す、とやったものだ……。

——ずいぶんヒドイことを言う女があるものだね。

——確かにヒドイ。が確かに法律上一理窟ある。そこで裁判所はこの芸者を負かすのが至当だと考えることは考えたが、その方法を発見するのに苦しんだ。とどのつまりその芸者は未成年に違いない、けれども民法第六条によると「一種又ハ数種ノ営業ヲ許サレタル未成年者ハ其営業ニ関シテハ成年者ト同一ノ能力ヲ有ス」る、親から芸者になることを許されて芸者屋に雇われた以上やはり一種の「営業」を許されたものにほかならないから、芸者稼業に関するかぎりは「成年者ト同一ノ能力ヲ有ス」る、したがって問題の売買を取り消すことはできないという裁判をしたものだ。

——なるほど、考えたものだね。しかし芸者屋に雇われるのが「営業」とはチト変だね。

——言葉それ自体の意味だけから言うと確かに変だ。しかしこの場合でも裁判官は無能力者たる芸者よりも相手方たる商人を保護すべきだと考えたわけだ。そうしてその考えから出発して「営業」の意味を決めたわけで、それをそう決める裁判官の働きは決して単に既存の或るものを発見する作用とみるべきではなく、やはり一種の創造的作用とみるべきじゃないか……。

——なるほどね。すると裁判官というものは自分でこれはこう裁判すべきだと思うと、それにうまく合うように法文の文字をしかるべく解釈するものだということになるのだね。

——しかるべくといっても、そう気儘なことができるわけじゃない。ちょうど先ほど話した「事実認定」においても自然的事実に固有する客観性が「認定」に向かって或る限度を与えると同じように、法文そのものにも解釈によって動かしうべき限度は確かに存在する。したがってその極限を超えてかってな解釈をくだすことはもちろんできがたいわけだ。

——するとその極限内で裁判官の創造的作用が行われるというわけだね。

——そうだ。そうして法律はそもそもそういう創造的作用を裁判官その他適用者に許すことを予定して作られているものだ。

——なるほど。

六

——ところで裁判官が創造的の働きをやる方法に、もう一つ「類推」と称するものがある。

——というと?

——或る一定の問題について法律に規定がない。そこで裁判官は本問題については法律に直接規定がないけれども、これと全く同様の問題である他のことがらについて規定があるから、それを類推して同趣旨の判断をくだすべきだという、いわば実は法律そのものによらないにもかかわらず、あたかもよっているような顔をする。それが即ち類推だ。

——そんなことなら、いっそのことひと思いにさきほどの「条理裁判」をしてしまえばいいじゃないか。

——そりゃそうだ。しかし裁判官としては職務上できるかぎり法律に根拠を置いて裁判をしたい。「条理上当然だ」とか「何々の筋合」だとかいうような裁判は極力避けねばならない。だから同じく法律に規定のないことがらについて裁判をするとしてもできるならば法律にかかり合いをつけて裁判をしたい。例えば普通の有体物を売買する場合については民法中に規定がある。けれども電力の売買については何らの規定もない。そこで電力売買に関連して何らかの法律問題が起こると、有体物売買に関する同様の問題についての規定を類推して同様に解釈すべきだというような裁判をする。そうすると、ブッキラボウに条理裁判をするよりはよほど法律によって裁判したらしい感じがする……。

——なぜだろう?

——同じことは同じに判断すべきであるというのが法律の根本精神だから、同様なことを同様に取り扱うによってわれわれは法律の精神に合致したという感じを受けることができるのだと思う。

——が、要するに、直接法律そのものによって裁判をしたわけじゃないね。

——そうだ。ところでこの類推に関連して問題になるのは、法律に規定のないことがらについて問題の起こった場合に、裁判官なり学者なりが常に必ず類推をやってくれればしまつがいいけれども、時によると反対に「この問題については規定がない。類似のことがらであるあの問題については云々の規定がある。してみると立法者が特にこの問題について規定を設けなかったのは特にこれを規定から除外するつもりであったに違いない。したがってこの問題はむしろ規定の趣旨と反対に解釈すべきだ」というような論法でいわゆる「反対解釈」

なる方法を用いる……。

——すると同じく規定のない問題についても或る場合には「類推」を使い、或る場合には「反対解釈」を使うというわけだね？

——そうだ。法律解釈上の議論というと多くの場合その二つの使い分けをして議論をやっているようなものだ。

——ずいぶんかってなものだね。

——かってと言えばかってと言えるが、そもそも初めから法律に規定のないことがらなのだからやむをえない。つまり裁判官が自分の意見でしかるべく裁判するように許されている場合なのだから。

——するとこの場合も裁判官が自らその適用すべき法律を創造しているというわけだね？

——そうだ。

七

——なるほど、いろいろ聞いてみると、裁判官の創造的作用の非常に広いものであることがだんだん解ってきた。しかしそうなると、こんどはあべこべに裁判というものは法律によってなされる、したがって公平であると常々教えられている点について非常な疑いが起こる。裁判官はその創造的作用によってかってな裁判をすることができる。不公平もその間におのずから生まれてくるおそれがある……。

——一応至極ごもっともな心配だ。がしかしそれは畢竟裁判官の人を信頼するや否やの問題で、裁判官を信頼してかからないかぎり、どんな法律を作っても結局何にもならない。

——しかし僕はどうしても自分と同じ人間にすぎない裁判官に生殺与奪の権までをもおまかせする気にならない。

——ごもっとも千万だが、君が自分と同じ人間にすぎない裁判官を信頼できないというのを煎じ詰めると、結局、人間は信頼できない、自分すらも信頼できないということになる。そうしてひとたび人間が信頼できないことになると、世の中全体が全く動きのとれないものになる。例えば自動車を運転するのだって、向うから歩いてくる人はたぶん合理的に行動するであろうと思えばこそ、安心して進んでゆける。これに反して、何をするか分からなければあぶなくて進めない。だから、なるほど人間の中には一面多分に不合理な分子が含まれているけれども、他面において合理的な方面もある、否、むしろ合理性が人性の基礎をなしている、だから自分の不合理から類推してやたらに他人の同じく不合理なるべきことを恐れるよりも、自分の合理性から推論して他人も同じく合理的なるべしと考えてかかるほうが万事が円滑に動く……。

――だから裁判官の合理性に信頼して万事をおまかせしろと言うのかい？

――万事をとは言わないが、他人の合理性を信頼しないかぎり世渡りはできない、だから裁判のことを考えるにしても裁判官に対する信頼だけはあくまでもこれを基礎に置く必要があると言うのだ。だからフランス革命系統の刑法のように、裁判官が不公平をするだろうということだけをもっぱら心配して法律を立ててゆくと、結局窮屈な動きのとれない法律ができあがって、かえって刑罰の目的を達することができない。それでももっぱら公平を要求した当時の人々はあれで安心したわけだ。ところが法律でいかに裁判官を束縛してみても事実はなかなかその目的を達しえない。否かえって弊害が起こる。刑法のごときでも刑罰本来の精神を発揮するためには、どうしても裁判官になるべく広い裁量の範囲を許し与えた上、個々の犯人について一々適当な個別的の取扱いを与えしめる必要がある。ところがそれには裁判官を信頼してかかるよりしかたがないわけだ。

――なるほど。すると今日のようにたくさんの法令を作って裁判官や役人に苦しい思いをさせているのは要するに人民の彼らに対する信頼の不足を表象するものだね。

――そう言えば確かにそう言える。王様の徳化が広く深く及んでいる国では法三章をもって民を治めることができた。その時代には王様は神様に近いもの、神様王様の言葉ならばその是非善悪や公平不公平を考えるまでもなく人を服するに足りた。だから法律などいらない、王様の言葉即ち法律にほかならないのだから。ところが近代人は自由平等思想の結果すべての者を自由平等の人間としてしまった。そうしてわれわれは互いに自分のうちにある不合理的分子から推測して他の人々の不合理を恐れるようになった。役人だって自分と同じ人間だ、してみると何をするか分かったものじゃない、こう心配してみると何でもかでも法律を作って万事を法律ずくめにしなければ承知できなくなる……。

――要するにデモクラシーは法律をたくさん作るものだね。

――確かにそういう傾向はある。けれどもデモクラシーのもとでも人間が他人の悪を恐れずして善を信ずるようになり、他人も自分と同じようにだいたい合理的なものだと考えるようになってみると、むやみに法律を作って役人を縛ることの愚なることに気がつく。近代的刑法が諸国ともいちじるしく刑罰量定の範囲を広くする傾向を示しているがごときまさにこの覚醒の結果とみることができる。

――すると君が法律の解釈・適用についても裁判官の人間に対する信頼に立脚して議論を進めるよりほかないと言うのも、結局その同じ傾向を物語るものとみることができるね。

――大いにそうだ。今までの法律解釈理論では裁判官の創造作用を全然否定していた。しかも実際上創造的の活動をしている事実を否定しえないために、やむをえず法律完全の仮説を設けて、実は裁判官の創造したものについてもそれは法律の中に初めから規定されていた、それを裁判官が発見したにすぎないというような説明をしていたのだ。だから事実においては裁判官の創造作用を是認しつつ、形式上それを否定したことにして、本来頼るべからざる仮説の上に安眠しているものと言うことができる。ところでわれわれはその仮説に満足できない、裁判官が創造作用をいとなむことが事実であるならば、事実は事実としてこれを認めつつ解釈理論を樹ててゆきたい、そうして裁判官に創造作用を許しても法律の解釈・適用は決して無秩序におちいるものではないということを説明しまた自らも確信したいと考えているわけだ。

――そうしてその確信する根拠を裁判官の合理性に対する信頼に置こうと言うのだね？

八

――そうだ。無論先ほども話したとおり事実認定における裁判官の創造作用がいかに大きいとしても選択・綜合の対象たるべき具体的事実そのものには必ず或る程度の動かすべからざる客観性がある。それを超えてかってな認定をくだすことは、裁判官といえどもできない……。

──すると事実認定についても超ゆべからざる一つの限界があると考えることができるわけだね？

──そうだ。事件の当時或る灯火が赤かったか青かったかが事を決すべき最後の事実である場合には、その赤かったか青かったかという客観的事実が事を決するのであって、裁判官といえどもこれを如何ともすることはできない。それと同じように解釈の対象たるべき法律そのものにも或る程度以上動かしがたい一定の客観性がある。法文の文字・用語であるとか法律立案の沿革であるとか、もしもそれを無視した解釈をすると誰がみても不穏当だと思われるような限界が存在しうる。つまり法律解釈において裁判官に許さるべき創造作用がいかに大きいとしても、これ以上超えてはならないという客観的の限界は確かに存在するものとみねばならない……。

──すると裁判官の創造作用は事実認定および法律解釈における二つの客観的限界の間において自由に躍動するというのが君の意見だね？

──そうだ。この二つの限界の範囲内において事実認定と法律解釈とそうして結論を産む心の働きとが三つ巴をなして相互的に決定し合うのだと思う。つまり心理的過程としては事実認定が先にあり次に法律解釈が行われ、そうしてその結果結論が産まれるのではなくして、この三つの働きは相互的に決定し合いつつ一切一時に行われるものだと思う。

――しかしその相互的決定関係を最後に動かないものとして決定する何ものかが別になければ困るだろう。

――無論だ。

――するとそれは?

――言うまでもなく裁判官の人だ、その理想だ、人生観だ。裁判官の人が事実認定の標準にもなり法律解釈を決定する規準ともなり同時にまた結論を生み出す基本にもなるわけだ。

――しかし、一概に理想とか人生観とか言っても人によっていろいろ違いうるから、なかなかもって安心できないじゃないか?

――無論だ。だからブルジョア社会においてはとかくブルジョア・イデオロギーが裁判の内容を決定しやすい。プロレタリアからみると善とみえることでも、ブルジョアはややともするとそれを悪とみるおそれがある。そうしてそれがまさに裁判の上に現われてくる……。

――すると同じ事件でも裁判官の違うによっていろいろ違って裁判されることがありうるわけだね。

――そうだ。しかしそれは人間をして裁判をやらせる以上如何ともしかたのないことがらなのだ。

――がそれにしても、裁判官にそうかってに自分の人生観をふりまわされても困るじゃないか？

――そりゃ無論だ。しかしこれだけは如何ともしかたのない事実だ。その上、裁判官は自己の人生観を基礎にして裁判をするとしても、要するに彼らのすることは裁判である、法律によって裁判をする、立法をするのではないという根本のところを忘れさえしなければ、決して勝手気儘な振舞をするおそれはない……。

――というと？

――つまり裁判官は決してその面前に提出された具体的事件をともかくその事件として妥当にかたづけさえすればいいのではない。無論彼らの行為は立法ではないけれども、もしもこの当該事件と全く同じ事件が他に起こったならば同時にその事件についても同じ結論を与えるという確信のもとに、当該事件に適用せらるべき法律を創造せねばならない。スイス民法はこの点についてうまいことを言っている。即ち法律に規定なきときは慣習法によるべく、慣習法また存在せざるときは、彼が立法者なりせば作るべき法則を立てて裁判すべしと言っている……。

――単に条理によって裁判しろとは言わないのだね？

――そうだ。単に一定の事が条理的であるかどうかを考えただけでは足りない。この際当面の事件に適用せらるべき法律を立法者として立法するとせばまさに作るべき法規を創作し、それによって裁判せよと言うのだ。そこに裁判官の仕事が立法ではなくして裁判であるという精神をうまく表わしているわけだ。僕が先ほど言ったように裁判官の創造作用を高調すると、裁判官はややともすると自己の仕事が裁判であるという根本義を忘れやすい。それをいましめた言葉としてこの規定はたいへん面白いと思う……。

——なるほど。法律によって裁判するのだという根本義を忘れさえしなければ、法なき場合に裁判官自らをして法を作らしめてもいい、裁判官が単に事件をしかるべくかたづけるという気持におちいることなく、あくまでも法律によって裁判するという気持でいさえすればいいというわけだね。

——そうだ。その根本義を忘れないことだけは裁判官として絶対的に必要だ。裁判官としては、単に或る事件がその事件としてぐあいよくかたづいたというだけで満足してはいけない。かくのごときは調停の仕事であって裁判の仕事ではない。裁判においてはあくまでも公平の要求を聴く必要がある。同じことは同じように裁判することによって一般人民に安心を与える必要がある。このことを忘れると裁判そのものの根本精神は全く破壊してしまう……。

——なるほど、至極もっともだ。がそれにしても裁判という仕事は——君の説を聞いてみると——なかなかたいへんな仕事だね。

――そうだ。「事実認定」と「法律解釈」とそうして「結論」と、そのすべてに通じて最後の決定を与えるものは裁判官の「人」にほかならない。したがって、裁判官としてはあくまでもその「人」を完成すべく努力する責任がある。またそうしてこそ初めて一般人の信頼を受けることもできるわけだ。

第五話　判例の研究と判例法

一

——法律の解釈・適用に関する話を聞いたついでに「判例」のことを少し話してくれないか。

——よかろう。

——ひとの話によると、君らは近頃大いに判例研究の必要を高調しているそうだが、いったいどういう理由によるのかね？

——近頃特に高調しているわけじゃない。同志の人々とともに判例の共同研究を始めたのはもうかれこれ一〇年も前のことだ。

——そうかね。がしかしそんなことはどうでもいい。ともかくどういうわけで判例研究に力を入れるのか、その理由を説明してくれたまえ。

——一言で説明するのはむずかしいが、要するにこの前詳しく説明した法律の解釈・適用に関する僕の考えから出てくる当然の結論にすぎない……。

——というと？

——昔、僕らが学校で法律を習った頃には、或ることがらに関する法律が何であるかは、初めから決まっている。裁判官その他法律の解釈をなす者は単にその既に決まっているものの何たるかを発見・説明するにすぎないものと考えていた。したがって、当時といえども、学者はしばしば「判例批評」なる名のもとに判例の研究をやっていたけれども、そのなすところは全く判決中に書き示されている法律の解釈が学理上正しいか否かを批評するだけで、法律適用の対象たるべき事件そのものを具体的に観察・研究することをしなかった。この前も話したように、法律的判断においては、事実と法律と結論とが相互的に関連しつつ一切一時に相決定し合う関係をもっている。裁判官は具体的の事件について事実を選択・構成すると同時に、法律を解釈・適用して結論を出す。その働きたるや、決して単に既存のものの発見・説明たるにとどまらずして、明らかに一つの創造である。してみれば、今までのような態度でいくら判例を研究してみても、結局学理的にうわすべりをしているだけで、真に当該の裁判がなされるに至った理由を具体的に明瞭ならしめることができない。したがって名は判例批評であるけれども、実は裁判の説明に使われている学説の批評にすぎない。少しも裁判そのものの中に躍動している生命に触れていない。その結果、判例のうちに潜んでいる活きた法律を発見してそれに適切な批判を加えんとするよりは、多くの場合、裁判の中に或る学説が述べられているのを機会として、批評者自らの学識を披瀝しているにすぎないようなことになっていた……。

――なるほど。それで君らの考えや態度は全く違うと言うのだね？

――そうだ。僕の考えでは、前にもしばしば言ったとおり、法律の解釈は法律適用の対象たるべき事実の複雑さにつれてきわめて微妙な変化をきたすものだ。したがって、具体的事件における事実を精密に観察した上でなければ、与えられた法律判断の当否を批判することはできない。これに反して事実を十分具体的に観察した上、それと対比しつつ与えられた法律判断の何たるかを考えてみると、そこに初めて裁判官の活きた心の動きが分かる、そうして活きた法律の動きを発見することができる。そこをねらって判例を研究することが実際的にも学理的にもきわめて有益・必要だと僕は信じている……。

――なるほど理窟はだいぶん解ったが、その実際的・学理的に有益・必要だという点をもう少し詳しく説明してくれないか？

――それではまず実際的の方面から言うが、例えば弁護士が或る事件を引き受けて訴訟をするとする。その際必然問題になるのは、裁判所は当該事件に適用せらるべき法規をどう解釈するだろうかということだ。そこで弁護士としては無論一面学者が一般にどういう解釈をとっているかを顧慮する必要があるけれども、それにもまして大切なのは裁判の先例だ。ところが、その判例を研究するに際して単に「判決要旨類集」か何かを調べて判例は云々の説をとっているというようなことを形式的に調べただけでは何にもならない。先例たる事件を具体的に解剖した上、それと判決内容との関係を有機的に研究してみる必要がある。そうすれば、その判決の生まれてきた真の経過を見出し、そこに動いた裁判官の心の動きを洞察することができる……。

――なるほど。そうすればかつて云々の事件についてこういう判決がくだされたということから推して、当面の事件について行わるべき裁判官の心の動きを推察しうるというわけだね？

――そうだ。だから弁護士が判例を調べるならそこまで立ち入って調べる必要がある。またそうしてこそ初めて安心して訴訟することができるわけだ。よく世の中ではやれ判例が変わったとか裁判所がときどき前後矛盾した裁判をくだして困るとか言うけれども、仔細に研究してみると判例が変わったのでもなければ前後矛盾しているわけでもなく、単に前後二つの事件相互間に事実そのものの差異があるにすぎない、そうして判決の差異はその事実の微妙な差異から生まれてくるのだということに気がつく……。

――そういうことは在来の判例批評家には解らないわけだね。

――そうだ。そういうことは理論上ありうべからざることと考えているのだ。ところがわれわれの考えではそこにこそ法律適用の妙味があり判例研究の面白みがあるわけだ。

――なるほど、すると君らの判例研究はその妙所を発見して弁護士その他一般人に注意を与えてやろうと言うのかね？

——それも無論副産物として考えているが、われわれが判例研究上重きを置いているのはむしろその理論的重要さだ。

——というと？

——それにもいろいろあるが、まず第一にこういう考えで判例を研究することが何が現行法であるかを知りうる唯一の途だ。法律が事実の如何によって微妙に働くぐあいを仔細に研究してこそわれわれは現行法の何たるかを知りうる。それをやらずに註釈書や教科書の中からいくら学説をあさってみても現行法の何たるかを明瞭に知ることはできない。それから第二に判例研究はわれわれの理論的研究に向かってきわめて重要な反省を与える。ちょうど自然科学者が実験によって自己の理論を反省・修正する機会を与えられるのと同じように、判例の中に現われた事実と法律の動きとはわれわれに向かってきわめて貴重な実験を与えてくれる。われわれがその与えられた実験の結果をよく考えてみると、従来いだいていた理論を修正する必要を感ずることもあり、現行法の欠点を発見して法律修正の必要を感じさせられる場合も非常に多い。世の中にはどうかすると判例など研究しても学問上何になるものかというような悪口を言う男がいるけれども、実際やってみればおそらく思い半ばに過ぐるところが多いと思う。

二

――なるほど。そう聞いてみると判例研究の必要だけはどうやらひととおり解ったような気がする。ところでこんどは判例の研究に関する理論的の方面を少し話してくれないか。

――よろしい。それではまず第一に、判例は単なる事実であるか法律であるかという議論について話をしよう。

――何だい、その単なる事実と言うのは？

――つまり判例は単にかくかくの事件についてかつて云々の判決が与えられたという過去の事実にすぎないものとして観察せらるべきであるか、それともそこには裁判官がその事件について創造した法律が現われている、したがって将来に向かって効力を有する規範が現われているものとして観察すべきであるか、そこに判例の研究に関する根本の問題があるわけだ。

――しかし裁判官は立法者ではない。その面前に提出された具体的の事件を裁判しさえすればいい、否それ以上のことは絶対になしえない役人じゃないか。してみれば彼らの与えた裁判は単なる事実たる以上特に何らの効力をも有するはずがないじゃないか。

——従来一般の学者は皆そう言っている。英米のような判例法の国でさえ以前にはそうした考えをもっているのが少なくなかった……。

——あたりまえじゃないか。

——裁判官は立法者にあらずという三権分立論的の独断を妄信するかぎりは確かにあたりまえだ。しかし、この前詳しく話したとおり問題の根本は裁判官の裁判なる働きの中に創造的の作用を認めるか否かにある。従来多くの学者はそれを認めない、そうして法律完全の仮説を置いて裁判官はすべてその既存の法律を発見しその何たるかを説明するものたるにすぎないと説いている。けれども、その考えの理論的に成り立ちえないことは、この前に詳しく説明したじゃないか。

——あの話はあれで解っている。しかし裁判官が裁判に際してなしうるのは、単に当該の事件を裁判することのみであって法律を作ることではない……。

——そりゃ無論だ。しかしこの前にも言ったとおり裁判官は決して既定の物指で物の長さをはかる機械ではない。裁判をなすがためには——多少の差こそあれ——必ずその場合に適用せらるべき法律を創造する。そうして法律を創造するという以上、彼がその際創造する法律は決して単に当該事件にのみ適用せらるべきものとしてではなく、いやしくも事情の全く同じ事件が他に起こるならばその事件にもまた当然に適用せらるべきものとして当該の法律を創造するものと考えねばならない……。

——そのことは解っている……。

——それならば彼らの裁判はやはり一つの法律を創り出すもので、決して単に一事件を解決したという事実ではない、ということも解ってよさそうなものじゃないか。

——しかし、それは解るとしても彼らが法律を作るのと立法者が法律を作るのとは全くわけが違う。

——そりゃ無論違う。しかしその差異は、立法者の場合には彼らの立法が当然法律として以後発生すべき一切の事件を支配すべきものであることが制度上保障されている、これに反しわが国のようなところでは判例法について全くそういう制度上の保障が作られていない、という点に存するにすぎない。そしてそういう制度上の保障がないからといって、よって作られるものが法律でないとは絶対に言いえないだろう。

——しかし前に君が話したとおり或る規則が法律たるがためにはその背後にこれを支持する社会的統制力の存在を必要とする、しかるに判例の場合にはそうしたものが存在しないじゃないか。

——存在しないことがあるものか。まず第一に、例えば或る裁判所が一定の判例を作る、ことに同じ判例を何遍も繰り返すと、世の中でもあの裁判所に行くと云々の事件はかくかくに裁かれるということが分かってくる。その結果おのずから判例の趣旨に従って行動するようになる。つまりこの場合には裁判の権威に対する一般人の尊敬心が立派に判例を法律たらしめる力となるわけだ……。

——なるほど。

——また第二に、大審院のごとき上級裁判所が一定の判例を作ると、下級裁判所はおのずからそれに従う傾向を示す。いくら反対の裁判をしても結局上告すると判例どおりにやられてしまうから、まず何らか特別の理由がないかぎり判例に従う、その審級の上下関係上やむをえず従ってしまうところに判例を法律たらしめる社会力があると考えることができる。

——すると、君は法律であるけれども、君のいわゆる社会の法律にすぎないと考えているわけだね？

——そうだ。国家が裁判所を立法機関としてない以上、よって作られる判例法は国家の法律ではない。しかし、国家が——あたかも本来社会の法律たるにすぎない慣習法を国家的に利用する法律例えば法例第二条のような規定を作ると同じように——別に法律を作って判例法を国家的に利用すべき規準を作ることは少しも差支えない。

——なるほど。それで日本には現在そうした法律はないのかね。

三

——それがないわけだ。無論裁判所構成法第四九条には「大審院ノ或ル部ニ於テ上告ヲ審問シタル後法律ノ同一ノ点ニ付會テ一若ハ二以上ノ部ニ於テ為シタル判決ト相反スル意見アルトキハ其ノ部ハ之ヲ大審院長ニ報告シ大審院長ハ其ノ報告ニ因リ事件ノ性質ニ従ヒ民事ノ総部若ハ刑事ノ総部又ハ民事及刑事ノ総部ヲ連合シテ之ヲ再ビ審問シ及裁判スルコトヲ命ズ」という規定がある……。

——例の連合部判決というヤツだね？

——そうだ。この規定は、大審院判決は少なくとも大審院内においては後の裁判官を一応拘束する、大審院の或る部で判例に反する裁判をしようと思えば連合部を開いてもらわねばならない、しからざるかぎり判例に従わねばならぬ、と規定しているもので、確かに判例法に或る程度の国家的保障を与えているものということができる。

——なるほど。が、いったいなんだって大審院の判例についてだけ特にそういう規定を設けているのかね？

——そりゃ無論大審院の判例を統一して法律の解釈・適用を全国的に統一する必要がある

からサ。つまり大審院の判例は下級審に対する関係においてもまた一般人民に対する関係においても法律性が最も強い。したがって、いったん判決した或ることを判例として公示した以上みだりにこれを変更するのは面白くない。また同じことがらについて二個以上違った判例の併存することは不穏当であって一般人が迷惑する。そこにこの規定の制定されている理由がある。

――なるほど。してみるとその規定のある結果として大審院の判例には特に権威が加わるというわけだね。

――そうだ。しかし国家の法律としてはそれ以上別に何事をも決めているわけではないから、下級審は必ず大審院判例を遵奉せねばならないというようなことは毫も国家法として決められているわけではない。けれども特に理由のないかぎり判例に違反した下級審の裁判は上告の結果破棄されることになるから、たとえ国家法としての保障はなくとも大審院判例が事実上、否もっと精確に言うならば社会の法律として下級審を拘束することは非常なものだ。

――しかし判例に反する裁判をすることは絶対にいけないというわけじゃあるまい。

――無論そうだ。いくら違反しても国家法上毫も違法を働いたものとして非難されることはない。しかし特に違反すべき理由がないのに、無知もしくは物好きからみだりに判例を無視するがごときは下級審として大いに慎むべきことだ。かくのごとき裁判官は故なく法律の第一要素たる安全の要求を無視するものであって、決して良い裁判官というわけにゆかない。

——なるほど。すると大審院の判例は事実上ほとんど成文法と同じような効力をもっているのだね。

——そうだ。だから、現行法の何たるかを知らんとする者は常に大審院の判例を研究しておく必要があるわけだ……。

——なるほど。

四

——しかしくれぐれも注意しておきたいのは、判例は具体的事件についてくだされた具体的判断たることが本体であって、立法のごとく抽象的の法則を制定するものではないということだ。無論裁判官が具体的事件を裁断するについてはまさにその事件に適用せらるべき法律を創造する、即ちその事件を解決するだけではなくもしも同様の事件がほかにもあるならば同じく適用せらるべきであるという確信のもとに当面の事件に適用せらるべき法律を創造するわけだ。だから同じく法律ではあるものの抽象的な法則を示すものではなくして、きわめて内容の具体的なものだ。

――つまり同じく法律ではあるものの、あくまでも当面の具体的事件を裁断するものとして創造されねばならないというわけだね。

――そうだ、だから裁判官がその気持を離れてむやみに立法者のような顔をして抽象的な法則を宣言するような態度をとることは大いに慎まねばならない……。

――無論のことだ。

――ところが判決を読んでいると、ときどきそうした態度を示す裁判官がいる、そうして直接裁判に関係のないことについてまで非常に権威あるがごとき顔をして学理を説いたりなぞする、はなはだにがにがしいと思うことがときどきある……。

――そいつはけしからんね。それにいったい裁判官がそんなことをしても何にもならないのだろう?

――無論ならんサ。世の中にはややもすると判決の中で或る学説が採用・主張されていると、すぐにそれを判例だと思い込んでしまう者があるけれども、かくのごときは全然判例の何たるかを理解せざるものと言わねばならない。

――というと?

――つまり英米の学者がよく言うとおり判決の中に書かれていることのうちで真に判例となるのは ratio decidendi 即ち「判決理由」に限る、判決の中でたまたま述べられているにすぎない裁判官の意見は obiter dicta 即ち「傍論」と称して何ら判例をなすものではない。なぜかと言うと、前にもしばしば言ったとおり、判決は具体的事件に対する具体的判断だ、当該のこまかい具体的事情が微妙に裁判官の心の動きに影響して、具体的判断が生まれるのだ。立法者が法律を作るときには抽象的に将来の事件を想像して抽象的の法則を作るにすぎない。これに反して裁判官が裁判をするときには、十分当面の事件を具体的に観察した上まさにその事件に適用せらるべき法則を作る、そうしてその法則をあてはめて具体的判断をくだすわけだ。だから同じく法律が作られると言っても、当面の具体的事件と全く事情を同じくするような事件にのみ妥当する法律であって、抽象的法則たる法律が作られるのではない……。

——なるほど……。

——だから、判決の中に書かれていることのうち真に判例として判例法を形成すべきものは、具体的事件に対してくだされた具体的判断を決定せしめた裁判官の法律意見のみでなければならない。「傍論」はその際偶然に言われた抽象的意見にすぎないのであって、具体的判断そのものの一部を構成するものではない。だから判決の中に書かれていることのうち何が真の「判決理由」なりやを見出し、それと傍論とを識別することが判例研究上最も大切だと言わねばならない。

——が、その識別はいったいどうしてやるのかね？

——判決をよく具体的に研究してみればおのずから解る。無論経験を必要とするがね。だからアメリカの大学で例の判例式教育をやる際には、先生はいつもその点に気をつけて、一々学生にどこがこの判決の真の「判決理由」であるかを訊ねるようにしている。しかるに、わが国では従来全く判例法が研究されていないために、判例とは何ぞやということについてすら、はっきりした意見をもっていない者が非常に多い。その結果、例えば現に大審院判事自らが関係して編集している「大審院判例集」においてすら、各判決の初めに「判決要旨」と称して掲げているものの中で、全く真の「判決理由」と「傍論」とを区別せず、単なる「傍論」にすぎないものでも何か或る法規の意義に関係があるようなことが言ってあると、それを「判決要旨」だとして書き記している場合が少なくない……。

——そんなものかね。

——そうだとも。だから「判決要旨類集」なんて本を拾い読みして大審院の判例はかくかくだなどと早呑み込みをすると、とんだ間違いが起こる。

——すると真の判例を知ろうと思えば、どうしても判決そのものについて自ら判決理由を発見する必要があるわけだね？

——そうだ。だから先ほどもちょっと言ったように、例えば弁護士が或る訴訟事件の必要上判例を調べる場合などは特にその用意が必要だ。判例集の中から類似の先例を見出してよくその具体的事実とそれにくだされた裁判官の具体的判断とを研究し、そこに動いているこまかい裁判官の心の動きを洞察する必要がある。さもないと、せっかくこれが判例だなと考えそれに信頼して訴訟をやってみると、マンマと失敗するような結果になる……。

——つまり真に判例の何たるかを理解していない罪だね。

——そうだ。ところがこの種の無理解は今なお至るところでさかんに行われている、例えば、大審院が連合部判決で判例を変更する場合をこまかに研究してみると、実は何ら変更と称する必要のない場合の少なくないのに気がつく……。

——というと？

——つまり前の判例を生み出した事件とこんどの判決を生み出す事件とでは具体的事情が非常に違う。したがって、同じ法規の解釈・適用によって事件を裁断するについても、前の場合に裁判官の創造する法律したがってそれによってくだされる裁判と、後の場合のそれとは全然違うことがいくらでもありうる。したがってそういう場合には、旧判例のほかに新判例ができただけのことであって、後者は前者を否定するものではない。両者は判例としての価値に何らの軽重なく併存しうるわけだ。

——それならば、わざわざ連合部を開くまでもないわけだね？

――そうだ。ところがちょっと考えると同じ法規について従来と違った解釈がくだされるのだから判例の変更が行われるように思われる。その結果、連合部が開かれるようなことになるのだけれども、かくのごときは全く判例の意義を理解せざるがために起こる間違いだ。

――なるほど。そうすると学者の著書の中に判例を引用するにしても、よほどそこのところを気をつけてかからないと間違いが起こるね？

――そうだ。著書の中には何年何月何日の大審院判決が同説だとか反対だとか書き放しにしてあるのをよく見受けるけれども、その判決そのものについてよく研究してみると同説でも何でもないものがしばしば発見される。これというのも判決の結論だけを形式的にみてそれを判例なりと思い込むために起こる誤謬にほかならない……。

――なるほど。してみると判例研究と簡単にいうけれども、なかなかむずかしい仕事だね。

――そうだ。全くむずかしい仕事だ。しかも、いやしくも現行法を研究する以上、なにびとも力をそそいでやらねばならない仕事だ。だからわれわれの仲間では現に「民事法判例研究会」なるものを組織して今まで話したような意味から真の判例を見出すために毎週大審院の新しい判決の共同研究をやっている。

――なるほど。しかし同じく判例を研究するにしても判例の何たるかに関する根本の考えがしっかりしていなければダメだね？

――そうだ。最近判例研究の必要が一般に認められて各方面に研究会などができつつあるようだが、そこのところを十分気をつけないと、何ら意義ある成果を挙げえないと思う。

第六話　法律書の選び方読み方

―

――いろいろ聞いたおかげで理窟のほうはどうやらだいぶん解ってきたような気がする。

――それは結構だ。

――それでこれからいよいよ自分で勉強を始めてみようと思うのだが、独学でやってゆく以上やはりそこらで売っている教科書を根気よく読んでゆくよりほかにしかたがないな。

――そりゃ無論そうだ。

――ところが、われわれしろうとにとっては読むべき教科書の選択がむずかしい。なにしろ本屋に行ってみると同じような名前の本がいくつも並んでいて、いったいどれを買ったらいいのか、とんと見当がつかない。

――なるほど。それは至極もっともだ。

――だから、その選択の標準というか方針というか、そんな話を少ししてくれたまえ。

――さあ、そうひらきなおって聞かれてみるとうまく簡単には話せないな。

――だから、そうむずかしく考えないで、われわれしろうとの心得になりそうなことを二、三かいつまんで話してくれたまえ。

――それでは話すが、まず第一に注意すべきことは、自分かってに本を選択してはいけない、できるなら誰かしかるべき人に相談した上で読むべき本を決めろということだ。

――それは今さら君に言われないでも解っているが、僕にしたってそう一々君のところに相談に来るのも面倒だし、君にとっても迷惑だろう。いわんや一般の人にとってはその相談すべき相手を見つけることとそれ自体が非常にむずかしい……。

――それは解っている。しかし僕が特にこういうことを注意する必要があると思うのは、世の中にはこの点の注意を全く怠って例えば本の標題だけを見ていいかげんに本を買うような人が少なくないからだ。

――まさか法律書を買うのにそんなムチャなことをする者はあるまい。

――ところが大いにあるらしい。この間或る本屋の番頭に会ったときに、法律書のうちでどんなものが一番売れるかと聞くと、それは民法総論ですと言うのサ。なぜだときくと番頭の言うことが面白いじゃないか、たぶん民法総論とあるから民法のことがすべて論じてあるとでも思うらしいですね、というわけサ。

――総論即ちすべて論じてあるでいいじゃないか。

――君までそんなバカなことを言うようだから、世の中の人が間違えるのも無理はないが、題して民法総論という本はすべて例外なく民法序説とでもいうようなことを少しばかり書いたあとに民法総則篇一七四箇条の註釈をしたものだ。物権・債権とか親族・相続とか世の中の人がむしろ普通に知りたがるようなことは少しも書いてなくて、やれ法人論だとか法律行為論だとか、しろうとには最も解りにくいようなことばかり書いてある……。

——へエ、そんなものかね。

——そうさ。だから本の標題だけを見て法律書を買うなどは危険千万、君なども今後大いに気をつけないといけないな。それに著者の中には、ずいぶん中味とはとってもつかないような標題をつける人が少なくないから……。

——なるほど。それは危険だね。

——そうさ。だから君なども今後せいぜい面倒がらずに一々相談に来るようにしたまえ。

——ありがとう、是非そうしよう。ところでそのことは十分注意するとして、もう少しほかの注意をきかせてくれないか。

——それでは話すが、本はなるべく定評のあるものを読むようにするがいい。むやみに新刊書を追って、やたらなものを濫読するような態度は極力避けねばならない……。

——定評のあるものというと？

——古いとか新しいとかいうようなことを超越して是非ともあの本だけは読まねばならないと一般に言われている本のことだ。

——なるほど。そういうものがあれば誰しも読むべきがあたりまえじゃないか。

——ところがそのあたりまえのことをやらない人がなかなか多いから困る。例えば或る専門の研究に従事する以上、その専門に関するかぎり是非とも読まねばならない本が必ずあるものだ。無論専門の研究者のことだから新刊書も極力読むように努力せねばならないが、それはそれとして是非とも読まねばならない本があるものだ。ところが自ら学者と称している連中の中にもそういうクラシックスを読むことを怠って新刊書の後ばかりを追っている者が少なくない……。

——そんなものかね。しかしそういう古い本に書いてあるようなことは、たいがいどんな本にも書いてあるから、なにも改めて古いものを読まずとも差支えあるまい？

——ところがそれが間違いだ。一見すると、優れた人の書いたものも凡庸な人間の書いたものものもだいたい同じことを書いているようにみえるけれども、優れた人の書いたものには気魄と言うか精神と言うか何とも言うに言われない特殊の力がこもっている。そういう言いしれぬ力に打たれることがクラシックス読書の価値で、こういう本は必ずしも知識を与えないけれども力を与えてくれる。われわれの体の中に内在している天分を伸ばしてくれる……。

——なるほど。そういうことは大いにあるだろうな。

——大いにある。だからいやしくも学に志す以上はたとえ新刊書を読むことは十分できずとも、その学に関していやしくも是非とも読まれねばならないクラシックスだけは必ず読まなければいけない。さもないといたずらに物識りになるだけ、自ら物を見自ら物を考える力が少しもつかない。そんなことでは到底立派な学者になることはできない……。

——なるほど。その点大いに同感だ。しかしわれわれこれから法律学に志そうという者が初めからそうしたクラシックスを読むというわけにもゆくまい。

——それは無論そうだ。初学者は初めからむずかしい理窟を考えずに、まず考えの材料になるべき知識を得るように努力しなければいけない。それにはやはり法律学中の各科目についてそれぞれ優れた教科書を一つ一つ根気よく読まなければいけない。例えば民法なら民法に関する最も優れた教科書、刑法なら刑法に関する最も優れた教科書を次から次へと根気よく読まなければいけない。

——それでは、その最も優れた教科書というのはどんな本のことを言うのだ？

——さあ、それはちょっと簡単には言えないが、要するに著者自らがすべて自ら考えて書いているかどうかが、それを見分けるめやすになる。

——しかし自ら考えないで物を書くヤツはあるまい。

——ところがそれが大ありなのだ。無論それにも程度の差は大いにあるが、書かれていることのすべてを心から考え抜いて書いていると思われる著書は少なくとも現在わが国にある法律教科書の中にはいくらもない。多くは他人の書いたものをコピーしながらただ外形だけいかにも特色がありそうにとりつくろっているにすぎない。

──そんなものかね？

──遺憾ながらそうだ。

──すると、そうした模倣的な教科書と真に優れた教科書とを見分けるにはどうすればいいのだ？

──さあ、それは君らのような初学者に話してきかせても到底解るまい。少なくとも僕が話してきかせるようなことをめやすにして、君自らその見分けをすることは到底不可能だろう。

──それはそうかもしれないが、君自らはどうして見分けるのだ。

──本当を言うと、ほとんど理窟なしに直感的に見分けることができるのだが、多少分析的に説明してみると、まず第一に、自ら考えて書かれた本には前後矛盾がない。これに反して他人の書いたものをコピーした本には、部分部分にいかにもえらそうなことが書かれていても全体に通じた統一が欠けている。或る部分で甲と言った以上他の或る部分では必ず乙と言わなければならない関係にあるにもかかわらず、そういう関係を無視して矛盾を暴露しているから、目のある人間が見ればすぐにそのゴマカシを看破することができる。

――しかしわれわれしろうとが見分けるのはむずかしいな。

――それは無論むずかしい。しかし君らが見てもこれだけのことはすぐ解る。だいじの根本問題ではだいたい在来の通説に盲従していながら、末梢的な部分についていかにも自己独特の見解があるようなことを誇張的に書いている本にはロクなものがない。

――なるほど。若い者の書いたものの中などには、そんなのが多いのだろうな。

――そんなことはない。君らはとかく若い者というとすぐにバカにする癖があるが、この頃では少なくともこの点若い者のほうがかえって信用できるように思う。無論実際上例外はいくらでもあるけれども……。

――すると、著者の老若如何を問わず、事の根本を自ら十分に考え抜いて書いた本はすべていい、他人の書いたものを模倣していながら無理に特色らしいものを作り示している本はすべていけないというわけだね。

――それはもちろんそうだ。しかし、いかに自ら考え抜いて書いたものがいいと言っても、他人の言うことや在来の通説を十分研究せずにむやみにひとりよがりのことを書いている本は、かりにその中に多少示唆的ないいことが書かれているとしても、学問的見地からみるとあまり多くの価値を認めるわけにゆかない。少なくとも君らのような初学者が読むには全然不適当だ。

——すると、われわれ初学者としてはだいたいどこへ出しても通用するような通説を忠実に書いているような本を読みさえすればまず間違いないというわけだね。

——必ずしもそういうわけにはゆかない。だいじなことは、従来多数学者の説いたところを精細に研究・理解した上、それに向かって自己独自の批判を加え、その上ですべてをわがものとして述べていることで、そうした態度で書かれたものでありさえすれば一見いかにも平々凡々にみえる本でも立派な本だと言うことができる。これに反して自分というものが十分確立しておらずにただむやみと通説に盲従しているものや、先人の言うところを十分研究せずにやたらに独自がっているようなものはダメだ。

二

——ところで話は少し違うが、同じく法律書を読むにしても、例えば行政科なり司法科なり高等試験を受けるために本を選ぶ段になると、本の善悪はともかくとしてやはり試験官自らの書いたものを読む必要があるだろう。

——僕は必ずしもそう思わない。真にことがらを理解していさえすれば、試験官の著書などは一冊も読む必要がない。ことがらを十分に理解していなければこそ、試験官の書いたものを暗記してなんとかゴマカシをつける必要があるので、真にことがらを理解しているかぎり、試験官の所説など少しも知らずとも立派な答案が書けるわけだ。

——理窟は確かにそうらしいが、やはり、普通の受験者は試験官の著書を読むほうが得だろう。試験の問題にしても、自然そういう著書に書かれているものの中から出るに違いないから……。

——しかしこの頃の問題をみるとそんな傾向はほとんどない。たいがいは誰の本にも書いてあるようなことしか問題になっていない。無論、試験官も人間のことだから、短い時間のうちに多数の答案を見る段になると、自分の所説と同じようなことを書いた答案は理解しやすい関係上、自然良く評点する傾向はあるだろうけれども、試験官というものは一般に君らが考えるようにそう偏狭なものではない。自分と反対の説を書いていても筋道さえ通っていれば良い点をつけるのが通例で、実際またそうなければならん理窟だ。だからいたずらに試験官の所説の結論を暗記するような態度であらゆる試験官の著書を読むがごときは、最もヘタな受験準備法だ……。

——するとやはりそれぞれの試験科目について君のいわゆる定評のある優れた本を一冊ずつ丁寧に精読するのが最もいい方法だということになるね。

——そうだ。そうして受験者自らが知識を自己自らのものにしてしまうところまでゆきうれば上乗だ。

三

——なるほど。それは非常にいいことを聞いた。それでは受験準備の話のついでにもっと広く一般的に読者ごとに法律書を読むについての心がけに関して少し話をしてくれないか。

——よろしい。それではまず初めに読者一般に関して僕が平常誰にでも話すことを話そう。それはいやしくも本を読み始めた以上必ず終りまで通読せよということだ……。

——しかし、中途まで読んでみていかにもくだらないという本の解った本を、終りまで通読するのはバカバカしいじゃないか。

——それは無論だ。しかし僕が特にこういうことを言うのは、一つには、こういう心がけで本を読むようにすると読むべき本の選択を慎重にする癖がついていいと思うからであり、二つには、すべて本というものは全体を読んでみて初めてその本当の価値が解るもので、初め二、三十頁読んだだけで「これはくだらない」など決めてしまうのは、はなはだよろしくない読書態度だと思うからだ。

——しかし、この間或る先生に会ったら、「おれはたいがいの本は序文と結論しか読まん」

と言っていたぜ。

——やたらにたくさん新刊書を読みたがる人の中には、よくそういうのがいる。

——また、そうでもしなければ到底たくさんの新刊書を読むことはできまいからな。

——僕はそういうのは「読む」のではなくて、一応「目を通す」にすぎないのだと思う。われわれのように学者稼業をしていると、その「目を通す」必要に迫られる場合もかなり多くて困るものだが、これは決して真の読書ではない。こういう態度で本を読むと、いくらたくさんの本を読んでも結局自分のすでに解っていることが解るだけで、今まで解らなかったことを新たに理解するようなことがない……。

——それでは困るな。

——そうだ。いったい、子供の時は別として相当の年配になってから以後は、今まで解っていなかったことを新たに解るようになるのは非常にむずかしいもので、それには特別の努力がいる。

——そんなものかね。

——どうもそうらしいのだ。話は少し違うが、かつて或る先生が僕にこんな話をしてくれた。「自分がかつてドイツに留学した時に、ベルリンに到着早々学校に出てみると、どの先生の講義もくだらない、自分のすでに知っているようなことばかりを話している、それで以後学校の講義を聴くことは全くやめてしまったが、さていよいよ留学期間も切れて帰国しようというまぎわに、思い出のためと思っても一度講義を聴きに出てみると、前とはうってかわって先生が非常に有益な話をしている、こういうことならもっと早くから聴講すればよかったと思ったが、もうまにあわない、非常に残念な思いをしながら帰朝の途についたものであるが、その時よく考えてみると、最初聴いた講義がくだらないのに反して後の講義が特に優れていたというわけではなくて、初めは自分のドイツ語がまずかったから先生の言うことのうち自分のすでに知っていることのみを聞きとり理解することができた。しかるに留学三年の後いよいよ帰ろうという時にはさすがに言葉が達者になっていたから先生の言うことのすべてを十分に理解しうるようになったのだということに気がついた」と、こういう話をしてくれたが、これはわれわれが他人の講義を聴いたり本を読むについて非常に参考になる面白い話だと思う。つまり人間というものはその時々の自分の能力に応じてできるだけのことしか理解しえないもので、それにもかかわらず自分一人では大いに何もかも解ってしまったような心持でいるものだ。だから特にその能力を伸ばすことを心がけないと、いつまでたっても進歩しない。本を読んで話を聴いてもすべてをただ自分流に理解するだけで結局はただ物識りになるにすぎない。

——人間は自ら解決しうることだけを問題にするものだ、という言葉があるが、つまりそれと同じことだな。

――そうだ。だから読書によって今まで解らなかったことを解るようになろうとするには特別の努力がいる。ただ目を通すというようなやりかたでは、いくらたくさんの本を読んでもいたずらに物識りになるだけで、人間そのものが進歩しない。講義を聴講する場合だと、先生のほうから無理にも解るようにしむけてくれるから、ともかく忠実に聴いていさえすればだんだんに解るようになり、おのずと学力がついてくるけれども、読書の場合には自分でよほど辛抱努力しないと、今まで解らなかったことを解るようにならない。解らないことは、とかく読まないものだ。読んでも著者の真意を理解することなしにすべてを自分流に読み流してしまうものだ。だからいくら本を読んでも自分と同じ考えの説を見出すだけで、反対説を見出さない、まれに見出しても著者の真意を理解することができない。だからこういう読書によって学力の進歩を望むことはできない。

――すると序文と結論だけしか読まないなんてのは、はなはだよろしくないわけだな。

――無論さ。しかしさっき君の言っていた先生などはすでに行くところまで行き着いた人だから、もうそれでもいい。そういう読み方にしろ、ああした老先生が大いに読まれるのははなはだ尊敬すべきことだ。これに反して、君のようにこれから新たに法律学を学ぼうという者は、一冊一冊の本にかじりついて熟読・通読するようにしなければダメだ。

――大いにその心がけでやってみよう。ところで一般読書法のことはまずそのくらいにしてあと法律書を読むについての心がけをも少し話してくれないか。

四

――さあ、これも読書の目的如何によっていろいろ注意すべきことが違うと思うが、君らのような初学者にとって特にだいじなことは、中学生が地理や歴史の教科書を暗記するような調子の読書では何にもならないということだ。

――しかし例えば民法を研究する以上民法第何条には何と規定してあるかくらいのことは覚える必要があるだろう。

――無論その必要はある。けれどもそれはだんだんやってゆくうちにひとりでにできることでもあるし、またイザ必要な場合には六法全書でも開けてみれば事は足りる。これに反して法典に書いてあることをいくらたくさん暗記してもそれだけでは法律学者になれない。法律学者にとってだいじなことは「法律的に考える力」をもつことで、法律書を読むことも畢竟はその力を養う方法にすぎないのだ。だから著者の書いていることの結論よりはむしろその結論が導き出された径路に注意しなければいけない。そうしてそこに著者の法律的な考え方を見出してこれを習得することが必要だ。

――教科書を開けてみると、よく同じことがらについて何々説何々説などといろいろな学説がたくさん並べられているのを見受けるが、ああいうのにぶっつかった場合にはどんな態度で読めばいいのかね。

――その何々説と説がいろいろ分かれている原因がどこにあるかに注意することが最も大切だ。なにゆえに説が分かれねばならないような事情があるのか、そこのところをはっきりするように努めなければいけない。それを怠ってやたらに説の名前ばかり覚えているようなのは最もダメだ。

――まさか説の名前ばかり覚えるヤツもあるまい。

――ところがあるのだ。口頭試問をしてみると「それについては何々説何々説と説がいろいろありまして……」というようなことを言うから、他人の説はともかくとして君の説はどうなのだと訊くと、何らはっきり答えられないようなテアイはいくらもある……。

――すると自分の考えを前後矛盾なくまとまったものにしておくほうが、いろいろの説を知っているよりもだいじなわけだな。

――そうだ。だから僕などは講義の際にも特に初学者に対してはむやみにいろいろと学説をきかせて迷わせるようなことをなるべく避けるようにしている。ことに同じく学説の分かれの中でも重要な大問題に関するものになると、大きな歴史の動き、社会事情したがって社会思想の変遷ときわめて密接な関係をもったものがあって、それらを理解したり批判したりするには、それぞれの説の背景になっている事情を十分に知ることが必要で、なるほどこういう事情のもとにおいてはこういう説が生まれるのが当然だということを理解するようにしなければいけない。しかるに世の中にはそういう根本の事情に全くおかまいなく、ことにそれぞれの説が書かれている原本もロクに読まずに他人の本の中に書いてあることを孫引き的に借用して、たくさんの学説をひとところに平面的に並べたてていろいろ比較・評論を加えているような学者も少なくないから、これから教科書を読んでゆくについてもそこのところは最も注意しないとあぶない。

——なるほど。そういうものかな。せいぜい注意して勉強しよう。それで、もうあとはこの際聞いておくようなこともないか。

——さあね。もう一つこれはごくくだらないことだが、法律書を読む際にはいつも六法全書をもっていてできるだけ参看するようにしなければいけない、という注意は君にも与えておくほうがいいだろうな。

——すると本の中に何法第何条参照とあるような場合には必ずその条文を見るようにしなければいかんというわけだね。

――そうだ。それから法文は始終変わるから、なるべく新しい六法全書をもっていないと時々とんだ間違いをするよ。なにしろ現行法を学ぼうというのだから、議論のシンになる法律の規定は精確にとらえていなければいけない。学生の中にはどうかすると条文を少しも読まずにノートばかり読む者もままあるらしいが、これなどは法律学を学ぶとしては最もよろしくない態度だ。

――解った。どうもいろいろありがとう。それではこれからひとつ大いにやってみよう。

附録　法学とは何か

——特に入門者のために——

一

四月は毎年多数の青年が新たに法学に志してその門に入ってくる月である。これらの青年に法学が学問としていったいどういう性質をもつものであるかについて多少の予備知識を与えるのがこの文章の目的である。

無論、本当のことは入門後自らこの学問と取り組んで相当苦労した上でなければ解らない。やかましくいうと、法学の科学的本質如何というような根本的の問題は勉強してみればみるほど、かえって解らなくなると思われるほどむずかしい問題で、現に法学の第一線に立っている学者に聴いてみてもおそらくその答えはかなりまちまちであろうと考えられるほどの難問である。だから、こうしたむずかしい理論を頭から入門者に説こうとする意思は少しもない。しかし、それにもかかわらず、あえてここにこの文章を書こうとするのは、次のような理由によるのである。

二

およそ学問に入る入口で、今これから学ぼうとする学問がだいたいどういう学問であるかについて一応の知識をもっていることが学習の能率をあげるのに役立つことは、われわれが子供のときからの経験でよく知っている。そうした知識をもたないために無用な苦労をした経験をもつ人は非常に多いのではなかろうか。例えば、私自らが中学四年のときに初めて三角術を教えられたときのことを思い出してみると、これが算術はもとより幾何学にくらべても非常にむずかしいように思われたのであるが、あとから考えてみると、そのむずかしかった主な原因は、先生が講義の入口でこの学問がいったいどういう目的をもつものであるかを全く教えずに、頭から教科書に書いてあることを教え込もうとしたことにあったのである。その後中学の数学教育も非常に改善されて今ではこうした弊害はだいたい取り除かれたように聞いているから、今の青年諸君にこうした経験を語っても或いは十分に解ってもらえないのかもしれないが、類似の経験は多少ともすべての人がもっていると思う。ともかく、今自らが学びつつある学問がいったい何を目的としているのか全く解らなければ、結局教えられることを暗記するよりほかに学習の方法はないのだから、いつまでたってもなかなか学問そのものを理解できるようにならないのは当然である。

ところで、大学の教育はどうであるかというと、理科や医科のような自然科学系統の学部はもとより、文学部のようなところでは、だいたいそこに入学してくる学生は初めからその学ぼうとする学問について少なくとも常識程度の知識をもっているのが普通であるように思われるのであるが、法学に志して法学部に入ってくる学生の場合は、一般に事情がいちじるしく違うように思う。私などは、父が長年司法官をしていた関係上、普通一般の学生にくらべればかなり法学についての予備知識をもっていたはずであるが、それでさえいよいよ入学してみると、はなはだ腑に落ちないものがあった。どうも自分が予期したものとはたぶん違った学問を教えられているような気がして、はなはだ取っ付きが悪い。しかたがないから先生の講義することをそのままノートすることはしたものの、当分の間は五里霧中で、何のために講義を聴くのだか、全く見当がつかないようなありさまであった。

こういうしだいだから、私ほども予備知識をもたない普通一般の学生の迷惑はおそらく非常なものであったろうと思う。それでも、ともかく大学を出さえすれば官吏にもなれる、一流会社にも採ってもらえることだけは確かであったから、解ろうが解るまいが一生懸命にノートをとって受験の材料をこしらえるのであるが、こんなことをしているうちに少し心がけよく本式に勉強した者はいつとはなしにだんだんと法学が何であるかを理解して自然学習に興味をもってくるようにもなる。しかし私の知っているかぎり、かなり多数の学生は卒業するまで何のために法学を学んでいるかを呑み込むことができず、そのため平素はノートを作ることにのみ苦労し、試験期になればそれを丸暗記することに苦労したのがその頃の実情であった。

もっとも、法学部に入ってくる学生のことだから、彼らのすべてが初めから法学に多少とも興味をもっているに違いないと思うのが、そもそもの間違いで、学生の多数は法学に志しているのではなくして、単に法学部を卒業すること、そしてできればなるべく良い成績で卒業することを志しているにすぎないから、彼らにとっては学問そのものはどうでもよいのである。だから卒業後司法官や弁護士のような法律関係の職業に向かおうとする少数の学生以外の者にとっては学問は要するに受験の具にすぎなかったので、私がその後大学に在職している間に高文試験制度が変わって法律関係の試験科目が減ると、それを機会に法律学科の学生が急に減って——法学科目の少ない——政治学科の学生が激増したるがごときは、まさにこの傾向を如実に反映したものということができる。

だから、当時われわれはドイツの或る学者が法学は要するに「パンの学問」(Brotwissen-schaft) にすぎないといったという説を聞いても、深くその意味を考えてみようともしなかった。また卒業後官庁や会社に入って相当出世した先輩たちの「大学で習ったことそれ自体は何の役にも立たない、習ったことをすっかり忘れてしまった頃になって初めて一人前の役人なり会社員になれるのだ」というような話をきいても、なるほどそういうものかなと感心するくらいのことで、深くそのわけを考えてみる気さえ起こさなかったようなしだいであった。今から考えれば――後に記すように――この先輩の話にも「パンの学問」にもなかなか面白い意味があるのだが、当時としては全くそうしたことに気づかないのが実情であった。

そういう事情であったから、法学部の講義の中心をなしていた憲法とか民法とかいうようなものは、要するに現行法制を説明してその知識を与えるのが目的であると学生一般は考えていた。これらの講義を通して法学的な物の考え方を教えるのだということを意識的に気づくようにはほとんどならなかったのはもちろん、現行法の講義と同時にローマ法、法制史、法理学、外国法等の講義を与えられても、それと現行法の講義との間にどういう関係があるのかというようなことは全く解らず、また十分教えられもしなかった。ことに外国法のごときは外国人が先生であった関係もあって、一般の学生にとってははなはだニガテな科目で、学校では特に外国法奨励のために成績の良い者には賞金をくれたりしていたにもかかわらず、結局この科目も暗記の対象である以上にはほとんど何らの教育価値もなかったように思う。

私は終戦後大学教育を離れてからすでに五年以上を経ているので、今の法学部で一般にどういう教育が行われているかについてほとんど何らの具体的知識ももっていない。またこの頃の学生の素養や学習態度等についても全く無知識である。しかし、およそ法学が学問としてどういう性質をもつものであるかを、今でも多くの学生は知っておらず、なんとはなしに法学部に入学してただ卒業することだけを考えている人が非常に多いのではないかと私は想像している。そういう学生に多少法学と法学教育の真の目的がどこにあるかを教えようというのがこの文章を書く目的である。

三

大学に入学してくる青年はすべて結局は職を求めているのだと言っても言い過ぎではないと思う。しからば、職を求めるために大学教育がなぜ必要なのか、また少なくともなぜ役に立つのか、その問題を考えることが大学における教育もしくは学習の目的を理解するために是非とも必要である。ことに法学部の場合にはその必要が最も大きいのであって、ここでは従来この真の理解が十分でないために教育もしくは学習そのものがいちじるしく能率を害されているように私は考えている。

裁判官や弁護士のような法律的職業に志す者が法学部に入学する目的は、だいたい解るが、現在法学部に入ってくる学生のすべてが必ずしも、裁判官や弁護士になりたがっているわけではなく、むしろその大部分は別な職業に向かうことを目的としている。それでは彼らははたして何のために法学部に入ってくるのか。彼らが法学部に学び法学部を卒業することがなぜ職業を得ることに役に立つのか。もしも法学部の教育が単に法律的職業を得るのに役立つにすぎないとすれば、今のように数多くの青年が法学部に入りたがるわけはない。また今のように多数の学生を収容する官公私立の法学部がたくさん必要なわけも解らない。どうしても今の世の中それ自体が全体として法学教育を受けた人間をたくさん必要とするようにできているのだと考えなければ、このわけは解らないのである。

そこでわれわれは、この見地から現在の世の中の特色、国家社会の特質を考えてみる必要がある。今の国家社会が全体として法学的素養をもつ人間をたくさん必要とするようにできているのだと考えなければ、どうしてもこの理由を理解することができないからである。

四

この点でまず第一に気づくことは、現代の国家が法治主義的にできており、裁判はもとより行政一般が法治主義的に行われていることである。裁判・行政等の国家機能がすべて法治の原理に従って行われている以上、その運用にあたる役人に法学的素養が必要なことはいうまでもないし、役所を相手に仕事をする一般国民が自然法学的素養を必要とすることになるのも当然だと言わなければならないからである。

ところが、社会学的に今の世の中全体を考察してみると、法治的機構は必ずしも国家にのみ限られていない。会社その他民間の私企業も、その規模が大きくなるにつれて、すべて法治的機構によらなければ、秩序正しい能率的の運営を期することができない。否、さらに進んで考えれば資本主義的経営そのものが初めから機械のように信頼しうる法律の存在を条件としてのみ可能なのであって、裁判や行政のような国家機能が法治的でなければならない主な理由もここにあると考えることができる。

この理は従来すでに多くの学者によって説かれているところであるが、最近京都大学の青山秀夫教授が著された『マックス・ウェーバー』の中に、この点が比較的手際よく簡単に説明されているから、便宜上以下にその一斑を説明・紹介しながら、さらに多少の補足を附け加えてみたいと思う（同書中特に第四章近代社会の特徴）。

それによると、まず第一に、現代社会の特徴としてそこには軍隊・官庁・企業・工場等の「大量成員団体」が多数存在して、そのいずれもが「組織の力」によって、「機械のように」秩序正しく「合理的運営」を行っていることである。そしてそのために、一方では学校という特殊な教育機関に「大量の人間が身分・出生を問うことなく収容され、一定年限の間、専門的知識と規律に対する服従能力とを集団的に教育・陶冶され、やがて一定類型の専門的勤務能力をもつものとして大量的におくり出される」。同時にまたかかる「専門的勤務能力は、しばしば、大衆が理解・習得でき、しかも内部に喰い違いのない無矛盾・斉合的体系――例えば教科書、法典、操典など――に編集され、教育はこれにもとづいておこなわれる、実際の勤務にあたって勤務者がこういう無矛盾・斉合的な行為規範に従うことが、集団全体のあの〝一糸みだれぬ〟運営の基礎となるわけである」。このように集団的訓練を身につけた専門的勤務者によって「事務的に」(businesslike) 万事が秩序正しく合理的に運営される機構・組織をマックス・ウェーバーは「官僚制」と名づけている。

次に近代社会の特徴である資本主義の合理的経営は、一面合理的資本計算を基礎としてのみ可能であるように、同時に近代国家の行政・司法における「官僚制」もまたその必須の前提条件をなしている。「近代国家がその官僚制的中央集権によって広い地域に亙って持続的に治安を確立し、大規模生産に不可欠な市場を形成すること、近代国家が種々の経営秩序(例えば商法・統一的貨幣制度など)を創設・保証・維持すること、さらにまた、専門家としてこの近代的官僚が国家の計画的・合理的な経済政策(例えば財政・金融政策など)を可能ならしめること、などその顕著な場合である」。そして「近代国家の国家活動は、あらかじめ国民に公示された成文法秩序のもとに、専門的かつ無私的な官僚によって計画性と安定性とをもって執行される」。かくして「国家活動が偶然性・恣意性を脱し、あらかじめ計算しうる(予見しうる berechenbar) ものとなる」によって「企業は安心して国家活動をその企業活動に織りこむことができ」、「近代的工場経営に特徴的な固定投資はこれによってはじめて可能となるのである。」

以上の趣旨を、法学的の立場からさらに必要と思われることを補足しながら、綜合して要約すると次のとおりになる。

（一）近代社会のあらゆることがらは主として官庁・企業等の「大量成員団体」により「組織の力」によって運営されているが、かかる大規模経営の秩序正しい機械のように正確な運営を可能ならしめるためには、一方において経営内部の規律を確保するための行為規範体系を必要とすると同時に、他方ではかかる規律に堪えうるように訓練された官僚的の勤務者群を必要とする。即ち経営の内部秩序それ自体がきわめて法律的であって、すべてがあらかじめ定められた行為規範によって秩序正しく行動することが要求される。

（二）資本主義的経営が合理的資本計算によってのみ可能であるように、司法・行政等の国家機能もあらかじめ定められた法規範に従ってすべて結果を予見しうるように正確に運営されることが必要で、それには、その運営にあたる官僚群がかかる目的に従って規律正しい活動をなしうるように特別に訓練されることが必要である。即ち法治主義的の司法や行政に信頼してのみ近代資本主義的の経営は可能である。

（三）したがって、団体と団体との関係、人と人との関係もすべてあらかじめ定められた法規範によって「結果を予見しうるように」規律されていることが必要で、これあるによってのみ近代社会の基礎である自由主義的秩序が可能であり、かかる法的保障あるによってのみ個人の行動の自由とそれを基礎とした民主的社会秩序とが成り立ちうる。

（四）しかし、同時に注意すべきことは、以上のような法的秩序はあらかじめ不動的に定立された法規範の自動的作用によってのみ成り立つのではなくして、特に法学的の訓練を受けた専門家がその運用にあたることが必要なことである。いかに精密な法規範体系を用意しても、それの自動的作用のみでは法秩序の円滑な運用を期することはできない。法には一面機械のように正確な規整作用を行う非情的な面があり、それこそまさに法の特徴であるけれども、同時に個々の場合の具体的事情に応じて具体的に妥当な処理が行われなければ全体として円滑に動かない面をもっている。だから、裁判所はもとよりその他の官庁や企業団体等にも必ずかかる具体的処理を担当する専門家が必要であって、これあるによってのみ法の機械は円滑に動くのである。彼らは既定の法規範体系の単なる生き字引でもなければ、見張人でもない。法学的訓練によって特に習得した法学的の物の考え方を活用して法秩序の円滑な動きを保障すると同時に、ひいては、社会の進展・変化に応じて法秩序を成長せしめてゆく働きをするのである。

五

近代社会が特に法学的の訓練を受けた人間を大量的に必要とするのは近代社会のかくのごとき特徴によるのである。しからば、そのいわゆる法学的訓練とは何か。その意味が一般に十分理解されていないから、法学教育の目的もハッキリせず、法学部卒業生のいかなる能力が――例えば会社などでも――特に役に立つのかが一般に正しく理解されないのである。

単に学問が職業を得る手段として役立つというだけの意味であれば、すべての学問が「パンの学問」であって、法学だけが特に「パンの学問」だと言われるわけはない。現代の世の中そのものが法学的の素養がある者をたくさん必要とするようにできていればこそ、法学を学ぶによって職業を得ることができるのである。したがって法学教育それ自体も結局そういう目的に役立つのだという意識のもとに行われなければならず、新たに法学に志す人々も初めからその理を心得ている必要があるのである。

大学で習ったことそれ自体がそのまま役に立つのではなくして、むしろそれを忘れてしまった頃に初めて、一人前の役人や会社員になれるという言葉も、法学教育の真の目的を理解してみれば、非常に味わうべき言葉で、学生はもとより現に法学教育に従事している人々にとっても深い教訓的意味をもっている。大学で教えられた知識がそのまま実際の役に立たないことはひとり法学教育に限ったことではない。しかるに、法学の場合に限って、右の言葉が特に意味をもつように考えられるのは、従来の法学教育それ自体に欠陥があるからであり、しかも学生が一般にそれに気づいていないからである。現在の法学教育は一般に主として現行法の知識を与えるという形で行われている。そして学生は一般にかくして与えられた知識を消化することに全力を挙げているから、法学の教育もしくは学習は結局現行法を理解し記憶することを目的とするように考えられるけれども、実をいうとかくのごとき教育もしくは学習を通して学生は法学的の物の考え方を教え込まれるのである。そして、学生が卒業後職についてから実際上役に立つのはその物の考え方にほかならないのである。無論、現行法を知らずに、考え方だけを抽象的に習得するわけにはゆかない。しかし、現行法の教育も窮極においては現行法そのものを教えることを目的とするのではなくして、現行法の理解を手づるとして法学的の物の考え方を会得しようというのがその目的である。そしてかくのごとくに考えればこそ、大学の法学教育で現行法のほかに法制史や外国法を教える意味も解るのであり、現行法の教育としてももっと目的にかなった教え方があるのではないかというようなことも考ええうるに至るのである。

大学で教えられたことを忘れた頃に初めて一人前の役人や会社員になれるというのも、実をいうと、大学で授けられた知識を手づるとして卒業後実務上の修練をかさねた結果、大学では無意識的にしか習得しなかった法学的の考え方が成熟したことを意味するのであって、大学教育が初めから全く無価値であったという意味ではない。しかし、従来大学の法学教育には一般にこの理合が十分に意識されていない。少なくとも学生にそういう理解を与える努力が意識的に行われていない。そのため教育と学習の能率がいちじるしく阻害されているように私は考えるのである。

六

以上で私は、法学教育の主な目的は法学的なものごとの考え方もしくは法学的にものごとを処理する能力を習得せしめるにあるといった。法学教育を受けて裁判官や弁護士のような職業的法律家になった人々はもとより、普通の役人や会社員などになった人々にとっても、かかる特殊の能力をもっていることが、彼らの職業人としての特色をなしているのだと私は考えている。

それでは、現在わが国の法学教育はその目的のために何をなしつつあるか、また現在法学はいかにしてその目的に役立っているであろうか。

この問に答えるために、現在大学で行っている法学教育と法学者によって書かれた著書論文を概観してみると、第一に、内容的にいうと、それはだいたい(一)現行法令を解説したもの、(二)法制史、ローマ法というような法制の歴史に関するもの、(三)外国法もしくは比較法学的のもの、(四)法哲学、法社会学等の名で法に関する一般理論を説いているもの、の四種類に分かれている。

第二に、形式的にいうと、法学書のほとんどすべては解説的に書かれており、直接法学的能力の訓練を目的とする形で書かれていない。大学の教育も大部分教説的であって、わずかに演習というような形で直接能力の訓練を目的とした教育が多少行われているにすぎない。

それでは、こうした内容、こうした形式の教育や法学書がいかにして法学的能力の訓練に役立っているのであろうか。これを理解することは法学入門者にとって、きわめて重要であって、さもないとややともすると講義や教科書で解説されているものを暗記しもしくはただか理解することが法学学習の目的であるというような誤解におちいりやすいのである。

七

現在法学教育の大部分は現行法令の解説から成り立っており、法学書も大部分は現行法令の解説にあてられている。これらの解説が現行法令の内容を教えることに役立つのは言うまでもないが、法学教育の見地から考えてそれよりも重要なことは「解釈」の名のもとに法令から法を導き出しもしくは構成するために使われている「技術」を習得することである。「解釈」の本質また「技術」の使い方等については学者の間にかなり意見の開きがあって、その詳細を今ここに説くことはできないけれども、解釈技術を体得することは一人前の法律家たりうる最小限度の要件であるから、以下に問題の要点を簡単に説明する。初学者がこの点を一応心得た上で講義を聴いたり教科書を読めば、法学的能力を養う上に非常に役立つと思う。

（一）　まず第一に知らねばならないことは、法令はすべて解釈を予定して書かれていることである。無論個々の法規の中には普通の国語知識をもっていさえすればその法的意味を正しく理解しうるものもあるけれども、それはむしろまれな場合であって、法令・法規の大部分は解釈を予定して書かれており、解釈を通して初めて法が何であるかを知りうるようにできている。これは初学者にとってはおそらく不可能なことで、法令が完全にできていさえすれば解釈を容れる余地はないように考えるであろう。現にナポレオン皇帝でさえ、彼の民法典に初めて解釈を加えた本を作られた際に「わが法典失われたり」という嘆声を発したと伝えられているくらいだから、初学者がそう考えやすいのは至極もっともなことである。

ところが解釈の必要は法令そのものの本質からくるのであって、一見簡単に見える法規でも解釈を通して初めてその法的意味が解るようにできているのが普通である。いわんや、いくつかの法規の組み合せでできている法令は、法規相互の間に一定の脈絡をつけて全体が論理的に矛盾のない一つの統一体をなすような仕組みで作られているから、法学的素養のある人の解釈を通してのみその法令全体の意味もまた一々の法規に含まれている法が何であるかも解りうるのである。

理解を助けるために一つの例を引くと、刑法第二三五条の「他人ノ財物ヲ窃取シタル者ハ窃盗ノ罪ト為シ十年以下ノ懲役ニ処ス」という規定のように、一見平明にみえる法規でさえも、これを実際に起こる個々の具体的の事件にあてはめることを目的として解釈してみると、一つ一つの言葉の意味について、例えば「財物」とは何か、「他人ノ財物」とは何か、また窃取とは何かというようなぐあいに一々疑問が起こり、それをどう解釈するかによって一定の行為が窃盗罪としてこの規定の適用を受けるかどうかが決まるようにできているのである。

それでは、どうして一々解釈を経なければ法が何であるかが解らないような法規を作るのか、もっと平明に法そのものを法規として書き表わすことはできないものであろうか。それは要するに、世の中の出来事が複雑・多岐をきわめているから、そのすべてを予想してその一々に適用される法を法規にしようとすると非常に複雑な法規を作らねばならないことになり、またたとえいかに複雑な法規を作っておいても、世の中のほうがさらに一層複雑にできているから、結局法規の予想しない出来事が現われて処置に困ることとなるからである。そこで、結局法規としては単に抽象的な法則を作っておくにとどめて、あとは解釈によってそこから複雑な法を導き出すような仕組みにするのほかないのである。

法規がかかる性質のものである以上、個々の具体的事実にあてはまるべき法が解釈を俟って明らかになるのはやむをえないことであるのみならず、時に解釈者の意見によって何が法であるかについての見解が分かれることがありうるのもやむをえないことで、それほど世の中そのものがあらかじめ一々法を明らかにしておくことができないほど複雑にできているのである。

かくのごとく、法規が初めから解釈を予定してできている以上、法規を取り扱う者は解釈によって法を明らかにする技術を心得ていなければならない。そして、その技術の種類およびその使い方については、おのずから一定のきまりがあり、またいろいろの理論もあるから、法学を学ぶ者は少なくともそれらを習得して自ら解釈を通して個々の場合にあてはまるべき法を見出す能力を体得する必要がある。したがって、講義を聴いたり教科書を読んだりする際にも、教師や著者が与えている解釈の結論にのみ重きを置くことなく、むしろその結論がいかなる理論によりいかなる技術を通して導き出されたかの径路に留意して、自らの解釈能力の涵養に役立たせる努力をしなければならない。

（二）　次に初学者として是非とも知っておかなければならないことは、今でも法律家の間には「法秩序の完全無欠性」というドグマが力をもっていることである。例えば裁判官は必ず法によって裁判しなければならない、裁判は必ず法―事実―裁判という三段論法の形式をとらなければならない、しかもその法は常に必ずあらかじめ存在する、裁判官はその存在する法を見出してそれによって裁判をしなければならない、ということが一般に信ぜられているものである。裁判は必ず法によってなされねばならない、裁判官が法によらずにかってな裁判をしてはならないということは、法治国における司法の根本原理で、これは誰にも理解できることであるが、そのよるべき法がいかなる場合にも常に必ずあらかじめ存在しているというのはどう考えても不合理である。それにもかかわらず、今なお法律家は一般にいろいろな方法でその不合理を否定し、法秩序は全体として常に完全無欠であって、解釈よろしきをうれば必要な法を必ず見出しうると主張しているのである。

その方法には、いろいろあるが、そのうち最もよく使われるものは「類推」（Analogie）である。これは例えば甲という事実に適用せらるべき法が法規の解釈からはどうしても見出されない場合に、さいわい甲と類似した乙に関して法があると、それを類推して甲についてもも類似の法があるというのである。法がない以上、類似のことがらに関する法を類推して類似の法的取扱いをすることそれ自体は、法の基本的理念である公平の見地から考えて、必ずしも不合理ではない。しかし、この場合でも法があるのではなくして実際の必要から法を作っているにすぎないと考えるほうが合理的であるにもかかわらず、多くの学者はこの当然の理を認めないで、類推を解釈の一手段と考え、これによって法を見出すのだと説いている。

次に、現在行われている多くの教科書を見ると、一方において裁判は必ず既存の法によってなされねばならないと言っていながら、法令の解釈から出てくるのではない法が別にあるということがしばしば書かれている。

その一つは「判例法」であるが、従来一般の考え方によると、裁判は法令により法令を解釈するによって与えられるもので、それ自体法を作るものではない。そうだとすれば、裁判から法が生まれるはずはありえないし、判例を根拠として裁判するのも法によって裁判するのだとは言いがたいわけである。それにもかかわらず、判例法の存在は多くの学者の認めるところであり、現に判例を根拠として裁判を与えている事例も、実際に少なくない。そして学者は一般にそれを肯定しているが、その理由に関して十分われわれを納得せしめるに足るだけの説明が与えられていないのが現在の実情である。

次には「条理」もしくは「条理法」という法が別にあって裁判はそれによって与えても差

支えない、さらに進んでは法令の解釈から出てくる法が条理と矛盾する場合にはむしろ条理によって裁判すべきであるというような主張をしている学者も少なくないのであるが、その理論的根拠に至ると、人によってその説くところが必ずしも一でないのみならず、それらの説明の中にも十分われわれの理性を満足せしめるに足るものを多く見出しがたいのが実情である。

八

以上に説明したように、現在法学と言われている学問の大部分は「何が現行法であるか」の説明にあてられている。そして学者は一般にこれを「解釈法学」と名づけているが、それは法令の解釈を通して法を見出すことが主な仕事になっているためである。しかし、以上の説明でも解るように、実際には法令の解釈によって法を見出すと言っていながら、実は法を作っていると考えられる事例がまれでないのみならず、場合によっては全く法令を離れて何が法であるかが説かれていることさえある。その上、法令の解釈によって法を見出すと言われている場合でさえも、それによって見出される法が解釈者によって必ずしも一つでなく、同じ法規が人々によっていろいろ違って解釈されている場合が少なくない。それでは、いったいかくのごとき解釈上の意見の違いはどこから生まれてくるのか。

その原因の第一は、広い意味での解釈技術に関する考え方が人によってかなり違っていることである。その違いは実際上いろいろの形で現われているが、その最も顕著な例としては、或る人々が法令の形式的ないしは論理的解釈を通して法を見出しうる限度を非常に広く考えているのに反して、他の或る人々はそれを比較的狭く考えており、またそれらの中にもいろいろと程度の差異があるという事実を挙げることができる。つまり法令解釈の限度を広く考えている人々は、とかく眼の前に置かれている事実の具体的特殊性を無視もしくは軽視して、なるべくすべてを法規の適用範囲に入れてしまおうとする傾向がある。これに反して他の人々は本来法規はすべて或る型として想定された事実を前提として作られているのだから、たまたま眼の前に置かれた事実がその型の範囲に入れば法規をそのままそれに適用してよいけれども、全くもしくは多少ともその型からはずれた事実にはそのまま法規を適用するわけにゆかない、この場合にはその与えられた事実を解釈者自らが改めて一つの型として考えながらそれに適用せらるべき法を自ら作らなければならないと考えるのである。

次に、解釈上の意見に差異を生ずる第二の原因は、彼ら各自の法的正義観に差異がありうることである。ここで法的正義観というのは広く言えば世界観もしくは人生観といってもよいが、この場合には特に法に即して洗練された法律家独特の世界観であって、世間普通にいう世界観とは趣きを異にしたものである。一例を挙げると、かつて電気盗窃を窃盗罪として処罰すべきや否やが問題になったことがある。当時は旧刑法時代で、現在の刑法第二四五条に相当する規定がなかった。それにもかかわらず、わが国の裁判官は——前に一言した——「財物」の意味を広く解釈して、窃盗罪の成立を認めたのであるが、同じ頃ドイツの裁判官は窃盗罪の成立を否定したことがある。この場合、電気窃盗を世間普通の意味で正義に反する行為と考えたことは、確かにドイツの場合でも同じであったに違いないのであるが、おそらく彼らは、なるほど電気窃盗は正義に反する行為には違いないけれども、刑法には罪刑法定主義という大切な基本原則がある、そして窃盗罪に関する刑法の規定はもともと普通有体の物を窃取する場合を予定して設けられたものであるから、みだりにこれを有体物以外の物の窃取にまで拡張して解釈することはよろしくない、この場合電気窃盗を罰することも必要かもしれないが、そのために罪刑法定主義を破るのは刑法全体のたてまえからみて一層よろしくないと考えたに違いないのであって、そこに彼此の裁判官の間に法的正義観の差異があったと言えるのである。

かくのごとく、法的正義は個々の場合に裁判官が法規の解釈をするについての態度を決定する上に重要な働きをしている。学者の法規解釈が人によっていろいろ違う原因も多くの場合各学者それぞれが違った正義観をもっていることにあるということができる。法規解釈が純客観的に無目的に行われるということは事実ありえない。解釈は結局技術であり手段であるにすぎないのであって、それを使うのは人である。したがってその人がいかなる正義観をもっているかによって解釈が違ってくることがありうるのは当然のことである。

そうだとすると、いやしくも法学を学ぼうとする者は、単に法規を形式的に解釈する技術を習得するだけでなく、同時にその技術を使うについての指標たるべき法的正義観の涵養に努めなければならないわけであるが、かかる正義観の涵養はどうすればできるのか、現在の法学教育はその点について実際どういうことをしているか。

九

それにはだいたい三つの方法がとられていると私は思う。

第一は、講義なり教科書なりで法令の解釈をしてみせている間に、教師や著者は——表面上それを口にしないけれども、実は——それぞれ一定の法的正義観に導かれながら、解釈技術を駆使している。彼らはその正義観を特に一定の形式で表現していないけれども、実際には各自それぞれ一定の正義観をもっているのが当然であって、それがおのずから彼ら各自の解釈態度を決定し、解釈となって現われているのである。だから、学生は解釈の形で法令の知識を与えられている間に、一面解釈技術を習得すると同時に、他面知らず知らずの間にその教師なり著者なりが解釈の指標としてもっている法的正義観を教え込まれることになるのである。

第二は、解釈法学と別に、法哲学というような形で、法思想の教育が行われ、その教育を通して法的正義観が理論的に教えられているのが普通である。現在わが国で行われている法哲学の講義においては、まず第一に法思想史が教えられているのが通例であるが、それは学生に広く法思想の変遷・発展した歴史を教えて、彼らが自ら自己の法思想に批判を加えてその法的正義観を養うことに役立つのである。次には教師なり著者なりが自己の抱懐している法的正義観を理論的に展開してみせるのを通例としているが、これによって与えられる思想的訓練が実際上法令解釈の態度にまで直接影響を及ぼすことは、従来の実情から言うとむしろまれである。ことに、法令解釈の具体的体験をもたない学者の法哲学にはそういう傾向が強い。

第三に、明治このかた、わが国の法学教育においては、一般に法史学と外国法が教科目に加えられているが、それらが教育の主要部分をなしている解釈法学といかなる関係に立つかについては、時代によって考え方の変遷が認められるのみならず、現在でも学者によって考え方が違っているように思われる。理想の法学体系を考えてみれば——後に述べるように

――法史学および比較法学の研究を通して与えられる法および法に関するデータを豊富にもつことはわれわれの法に関する視野を広めるとともに、法的思惟を深めることに寄与し、それがやがて解釈法学にもまた立法上にも非常に役立つこととなるのはもちろんであるから、これらの研究および教育をもっと法学全体との関係を考えて根本的に考えなおしてみる必要があるように思うのである。

以上のように考えてみると、現在わが国の法学は全体として何となく科学的に体系化されていない。教育の中心をなしている解釈法学の教育にしても、ただ前々からの伝統を追って行われているだけであって、教育は本来の目的を十分に発揮していないように思われるのである。そして、このことが特に初学者に法学の学習をむずかしくもしくはつまらないものと感じさせる原因となり、もしくは法学そのものを非科学的に感じさせる原因になっているのではないかと私は考えている。

一〇

私は、法学本来の在るべき姿はもっと科学的なものでなければならないと考えている。現在多くの大学で教えられているいろいろの教科目にしても、それら相互の間に理論的の脈絡をつけて体系だててみれば、もっと科学の名にふさわしい法学が成り立ち、もっと学生の理性を満足せしめうるような法学教育が行われうるのではないかと考えている。

以下にこの点に関する私の考えを素描すると、まず第一に、法学の中心をなすものは「実用法学」であって、それは解釈法学と立法学とに大別されるが、その両者に通ずる科学としての本質は法政策学である。立法学は一定の政治目的のために最もその目的にかなった法令を作る科学的方法を研究する学であり、解釈法学は個々の具体的事件に適正な法的取扱いを与える科学的方法を研究する学である。科学としての解釈法学は、単に法令を形式的に解釈することを目的とする技術ではなくして、個々の具体的事件に妥当すべき法を創造することを目的としている。表面上単に法規を形式的に解釈しているようにみえる場合でも、実は法の創造が行われているのであって、創造を必要としない場合は初めから解釈を要せずして法が明らかな場合にほかならない。いやしくも解釈が行われる場合には、程度の差こそあれ必ず法の創造が行われるのである。無論、法を創造すると言っても、立法によって法規が作られるのとは違う。立法の場合には、適法の対象たるべき不特定の事実を想定して抽象的な法規を作るのに反し、この場合には与えられたる具体的事件を法的に処理するために必要な法をその必要の限りにおいて作るにすぎない。しかし、その法といえども、もしも他に別の同種の事件があるとすれば、それにも適用されてよいという想定のもとに作られるのであって、その意味においては、なお法たる性質を有するということができる。多くの学者は今でも一般に解釈の法創造性を認めないのを通例としている。そしてその理由として解釈に法創造性を認めることは三権分立の政治原則を紊るものだと言うのであるが、かくのごときは立法における法規の定立と解釈による法の創造性との差異を理解しないものと言わねばならない。

第二に、法政策学としての実用法学は、一面において「法哲学」によって政策定立の理念と指標とを与えられると同時に、他面においては「法社会学」によって発見された法に関する社会原則によって政策実現の方法を教えられる。実用法学と法社会学との関係は、譬えて言えば工科の学問と理科の学問との関係、臨床医学と基礎医学との関係に似ている。技術学としての工科の学問は、一定の文化目的を達するために、自然科学としての物理学や化学によって発見された自然法則を利用する。それと同じように、政策学としての実用法学は社会科学としての法社会学が発見した法に関する社会法則を利用して立法や裁判の合理化をはかるのである。法哲学は立法・裁判等の法実践に向かって指標を与えるけれども、その指標に従って立法し裁判する実際の動きは法の社会原則によって制約されるのである。

かくのごとき意味での法社会学は今のところまだ十分に発達していないから、現在では立法者や裁判官が各自の個人的経験や熟練により、または法史学や比較法学の与える個々の知識を手引として立法しまた裁判しているにすぎないけれども、やがて法社会学がだんだんに発達してゆくにつれて、それによって発見され定立された法の社会原則が立法上にもまた裁判上にも利用されるようになり、かくして法政策学としての実用法学がだんだんに科学化するに至るのだと私は考えている。工科の学問にしても臨床医学にしても、自然科学が今のように発達するまではもっぱら工人や医者の個人的経験や熟練によってのみ行われていたのであって、それらの学問が現在のように科学の名にふさわしい学問にまで発達したのは、自然科学の発達によって自然法則を利用することができるようになったからである。法学の場合には今なおそれと同じ程度に発達した法社会学がないために、実用法学が十分に科学化していないけれども、最近における法史学や比較法学の発達、その他人種学、社会学等の社会科学の発達はようやく法の社会法則の発見をめざす科学としての法社会学の成立を可能ならしめつつある。私はこの科学がやがて自然科学と同じ程度に実用法学に必要な社会法則を十分提供しうるところまで発達すれば、法学が真に科学の名にふさわしい学問にまで発展し、立法や裁判のごとき法実践がもっと無駄と無理のない合理的なものになるに違いないと考えている。

（法律時報一九五一年四月号・五月号）

あとがき

何の場合でも同じだと信ずるが、学問の世界でも一番厄介なことがらは、単純で判りきっていそうなことを、うまく説明することである。例えば幾何学で円や二等辺三角形を説明することは、そんなにむずかしいことでないにしても、線や点をどう説明するかに至っては、面倒で理解させにくいことである。「点」はわれわれは「・」で表わすが、この「・」は幅もなければ長さもなく、全く抽象的な「点」であり、それをどんなに上手に初学者に説明しても、なかなか「大きさ」の概念から切り離し、印象に残すことは困難な仕事である。その結果、僕らの受けた教育では、「点」の性質について疑問をもつことが禁ぜられ、先生の教えたとおりに真似せぬと、お目玉をいただいたものである。幾何学の学問がこういうやり方で出発したために、幾何はどうやら中学生にとって苦手の学問になり、旧制高校の入学試験受験用の勉強で終らせた人も少なくなかったのではあるまいか。法学の研究もまた、それに等しい。一番厄介なのは出発点であり、出発点が何だか判らないうちにすまされてしまうなら、法学は結局就職の道具になり、就職とともに忘れ去られる運命が待っているのではないかと思う。

けれども、幾何学上の「点」について、中学生に完全な印象をもたせることのできる著書あるいは先生の少ないと同様に、法とは何か、法律学を学ぶにはどうしたらよいか、そのために必要な心構えなどについて、本当の準備を提供できる著書あるいは先生も、失礼ながら余り多くないことは真実だと思われる。本書は、その少ない中に登場する最も優れた書物であって、もしあなたが、この著書に親しめば親しむだけ、あなたの学力の進むに応じ、そのたびに何か必ず新しい教訓を提供する書物である。けだし、著者末弘先生が、いかにもさりげなく書いておられる言葉の一つ一つのバックには、先生がアメリカに留学中身をもって体験されたことがらや、フランスのジェニー、デュギーなどの学説が、実によく消化された形で生き生きと書かれており、決して単に他人の口真似の書物ではないからである。僕らも、正直にいって、この著書の最初の形態を、われわれが学生であった頃から発行されていた「現代法学全集」に見出すことができたとき、法律学に対する興味や、法律学を学ぶことの意味を教えられた著書であり、しかもわれわれが感じたと同じ感情は、現在の学生諸君にも十分に汲みとっていただけるに違いないと信じている。

末弘先生の遺稿の中に、この著書の再刊にあたり、加筆・訂正がほとんど不可能に属すること、このままの形でなら再刊してもかまわぬが、しかし書き換えることはできないことを述べておられる断片があった。先生の御意図では、この文章をおそらく本書再刊の際の序文として使用されるおつもりであったと推測せられるが、これは実際本書に手をつけかけてみて、僕もしみじみと痛感させられたところであった。なぜならば、本書の初版は昭和九年、すなわち戦前の法律状態のもとで出されていたのであって、ほんの少しだけ現行法に合わせねばならないところがあるけれども、そこをいじると本書の味が、やはり薄くなり、どうしてもこの著書のもつ気品をぶち壊すおそれを感じてならなかったからである。それは、僕の不文のため、条文の入れ替えさえできなかったことにもよるが、しかし文章としてぬきさしならないしっかりした構造ができていて、先生ご自身によってでさえも、動かしえない状態にあることも真実だと思われる。僕は、その結果、余計な加筆をさせていただいて、全体の香気をみだすより、先生の書かれたままの状態で、かな使いを改めることと、ほんの少しだけ漢字をかなに改めて、本書が一層多くの方々に親しまれるものにするだけで満足せざるをえなかった。旧版に比較して本書のほうがその意味では、いくらか読みやすくなったと考える。しかし、もともと本書そのものの性格は、法律に多少でも関心をもつ人にとり、必ず興味を喚起する書物であって、しかもその人の成長とともに、新しい問題が次々に行間からおどりだす書物なので、常に法学研究の出発点であるという異常な力強さの中にこそ、その特質があるのである。したがって、法規改廃の問題に至っては、瑣末事中の瑣末事であり、全くどうでもよいことにすぎないが、ほんの念のための蛇足として、補足的に、二、三の点を指摘しておきたいと考える。

(1) **一一頁**　ここに出ている「高等学校」は、もちろん旧制の高等学校である。今では各大学の教養科目中に法学の科目があり、通論的講義が行われているが、末弘先生の指摘されたと同じ問題が、はたして残っていないといえるだろうか。

(2) **二五頁以下**の「ケース・メソッド」について。新しい学制による大学院の講義では、ある程度まで「ケース・メソッド」的講義のできる前提が作られだしている。僕は試みにイェーリングの「法律問題集」をテキストに使用しているが、「学生がどんなことをいっても笑ってはいけない」、「学生の質問に対して知らないことは知らないと答えよ」という原則(二九〜三〇頁)は、やはり金言だと教えられるところ多大である。

(3) **七八頁**　現行民法上の婚姻適齢は、男は満一八年、女は満一六年におのおの一年ずつひきあげられた(民法七三一条)。それ以下の早婚風習も、今ではだんだん少なくなっているようである。したがって、この点は何か別の事例に変えたほうがよかったかもしれないが、論旨そのものに影響がないことは、いうまでもない。

(4) **八六頁以下**　末弘先生は、ここでは小作関係の問題を取り上げておられるが、小作の状況は戦後の農地改革で相当変化した。しかしそれにもかかわらず、近頃では、ヤミ的な土地担保高利貸金融がふえ、再び「小作哀史」に相応する「借金哀史」ができないとも保障しがたい。小作法に関する問題は、その意味で農村の高利貸金融との関係を念頭に置いて読んでいただくことができるなら、先生の叙述はやはり脈々として人の心をうつものを残している。

(5) **九九頁以下**　陪審法は、現在停止されている。それに伴って陪審法を中心とする先生の発言は、今では必ずしも直接的といえないが、法律制度、特に刑事訴訟法の改正によって、この部分の叙述はかえってますます生きてきた。裁判官は今では陪審的機能をもつこと豊富であって、それを率直に承認するか、それともまたお白洲的に、一種の予断を念頭に置きながら、その先入見に合致する証拠の提出や承認を押し進めるか、そこに裁判所の裁判所たるの機能が生まれるか否かの境目がある。末弘先生のこの部分の叙述たる、あくまでも裁判所に要求される客観的事実認定がどうなされているかを中心に、味読していただくことを切望したい。

(6) **一三四頁以下**　新憲法の施行に伴って、裁判所の名称は多少変化した。末弘先生が一三四頁であげられる「大審院」は、今では最高裁判所――最高裁判所とともに、軽微の事件につき最終の上告事件を取り扱う高等裁判所を含めて――と読み替えるほうが妥当である。また一三五頁にある「連合部判決」も、今では最高裁判所の「大法廷判決」という名前で呼ばれることになり、かつ「大法廷」すなわち裁判官全員の出席を要する場合も、法令の憲法違反に関する問題の生じたときを加えることに改められた（裁判所法一〇条）。しかも、最高裁判所裁判官は、一〇年毎に国民審査に付せられることに憲法が定めている結果（憲法七九条）、判例研究の目的も、もう一つ追加され、判決を通して裁判官の適否につき、国民に参考意見を提供する努力をして悪いことはないはずである。だが現在行われている継続的・組織的な判例研究で、意識的にこの問題まで及んでいるものはほとんどなく、これは学界の現状に照らし、むしろ淋しいことである。よし・あしはともかくも、アメリカでは判決だけでなく、判決を通してみた裁判官の研究が、僕の知った範囲でも相当数に達しており、しかも、それに従事する者は非常な大家が少なくない。僕は日本の法学が、判例研究の方式を数歩前進させ、裁判官の国民審査に必要な、事実・意見を提供する機会を開くことを希望してやまない。これは個々の裁判官に対しては、ある場合不快かもしれないが、将来の判例批評の目的としては、必ずそこまで発展しなければならないと信じているのである。

本書の中で旧法規を資料として叙述されたのは、主として右の諸点であるが、これらは別に本書の価値を左右するものでは決してない。用例が変わっても、その精神はなお余りにもなまなましく残されている。ここに、本書が二〇年前のわれわれを育て、法学に対する興味と自信を喚起したあの情熱が、現在の人々に対しても、そのまま残っているのではないかと思う。学問上の論文は、文学的作品などと異なって、その生命の短いほうが或る場合には幸福である。けだし、短時間のうちに論旨が常識化し、すべての人の共同財産になったとき、その書は本当に幸運をつかんでいるからである。しかるに、本書が今にして生き生きとした訴えを響かせていることは、日本社会がまだ先生の市民的精神に溶け入っていない証拠かもしれない。これは本書の生命を、最初の発行時と同様に燃え立たせているのである。否、本書は二〇年前よりも、もっと切実な切迫感をもってわれわれの身に迫る。これは、本書にとって不幸かもしれないが。日本社会に対してはより大きな不幸である。日本をしてその不幸を除去させえないことにつき、われわれも決して無責任とはなしえない。それだけに、僕は本書が今後すべて法学に興味ある人に味読され、学界の共有財産化する日の一日も早からんことを切望するのみである。

昭和二七年九月一一日

故末弘先生の一周忌を前にして

戒能通孝

末弘嚴太郎（すえひろ・いずたろう）

1888年　山口県に生まれる
1912年　東京帝国大学法学部卒業
東京帝国大学教授、中央労働委員会会長等を歴任
1951年没
主著：『債権各論』（有斐閣、1918年）、『物権法　上巻／下巻』（有斐閣、1921年／1922年）、『労働法研究』（改造社、1926年）、『民法講話　上巻／下巻』（岩波書店、1926年／1927年）など。

本書は『末弘著作集Ⅰ　法学入門』（第2版、1980年）を底本にした。

日本評論社創業100年記念出版
新装版《しんそうばん》　法学入門《ほうがくにゅうもん》

2018年2月25日　第1版第1刷発行

著　者――末弘嚴太郎
発行者――串崎　浩
発行所――株式会社　日本評論社
〒170-8474 東京都豊島区南大塚3-12-4
電話　03-3987-8621（販売）　03-3987-8592（編集）
FAX　03-3987-8590（販売）　03-3987-8596（編集）
https://www.nippyo.co.jp/　振替　00100-3-16
印　刷――精興社
製　本――松岳社
装　丁――桂川　潤

検印省略
ISBN978-4-535-52275-6　Printed in Japan